어쨌든, 쇼펜하우어
× 윤동주

어쨌든, 쇼펜하우어 × 윤동주

1쇄 인쇄일 2025년 10월 20일
1쇄 발행일 2025년 11월 7일

지은이 김이율
펴낸이 김순일
펴낸곳 미래문화사
신고번호 제2014-000151호
신고일자 1976년 10월 19일
주소 경기도 고양시 덕양구 삼송로 222, 현대헤리엇 업무시설동(101동) 301호
전화 02-715-4507 / 713-6647
팩스 02-713-4805
이메일 mirae715@hanmail.net
홈페이지 www.miraepub.co.kr
블로그 blog.naver.com/miraepub

ⓒ 2025 김이율

ISBN 978-89-7299-588-3 (03130)

- 미래문화사에서 여러분의 원고를 기다립니다.
  단행본 원고를 mirae715@hanmail.net으로 보내 주세요.
- 이 책은 저작권법에 따라 보호받는 저작물이므로 무단 전재와 무단 복제를 금지하며, 이 책 내용의 전부 또는 일부를 이용하려면 반드시 저작권자와 미래문화사의 서면 동의를 받아야 합니다.
- 잘못 만들어진 책은 바꾸어 드립니다.
- 책값은 뒤표지에 있습니다.

어쨌든, 쇼펜하우어 × 윤동주

절망을 건너 희망을 쓰다

김이율 지음

미래문화사
MIRAE

| 차례 |

별을 사랑하는 시인 윤동주께 / 10
친애하는 쇼펜하우어 선생께 / 12

하나 됨의 자각 / 14
오늘, 당신의 모습 / 16
고통과 권태의 진자 운동 / 18
걸어가는 사람 / 20
사랑이라는 자기 인식 / 22
내 안의 넓은 하늘 / 24
고통의 침묵, 그것이 행복 / 26
타인을 향한 감정 / 28
생각하지 않는 독서라는 함정 / 30
새로운 온기 / 32
고독이라는 정신의 몫 / 34
그리운 그때의 아득함 / 36
자기 삶을 사는 사람 / 38
깊어지는 시간 / 40

삶이라는 착오	/ 42
꽃을 피울 준비	/ 44
무지와 자기 비웃음	/ 46
하루의 마감	/ 48
죽음이라는 침묵	/ 50
마음의 바람	/ 52
고통과 불안의 그림자	/ 54
참으로 다정한 안부의 말	/ 56
비교의 덫	/ 58
꾸준함이라는 새로움	/ 60
자기기만의 기술	/ 62
빛나는 한 방울	/ 64
어둠을 바라보는 방식	/ 66
삶과 죽음의 질문	/ 68
예술이라는 틈	/ 70
너무 이른 검은 그림자	/ 72
침묵의 무게	/ 74
빛을 흡수하는 하루	/ 76

질투라는 그림자	/ 78
두려움 없는 한 걸음	/ 80
자각의 깊이	/ 82
물건의 행방	/ 84
진실의 무게, 환상의 위안	/ 86
작지만 위대한 힘	/ 88
소유의 역설	/ 90
아직도 꺼내지 못한 삶	/ 92
언어의 이중성	/ 94
늘 그리운 그 이름	/ 96
자유에 대한 질투	/ 98
전하지 못한 이름	/ 100
시간의 흔적	/ 102
오늘을 살아가는 오늘	/ 104
내면이라는 풍경	/ 106
높아만 가는 모래성	/ 108
갈증의 연쇄	/ 110
함께 웃을 때 빛나는 별	/ 112

필연의 감옥	/ 114
눈 감으면 생각나는 곳	/ 116
존재와 부재의 경계	/ 118
여전히 안겨 쉴 곳	/ 120
말이라는 칼	/ 122
돌아가고 싶은 시절	/ 124
진실을 마주하는 용기	/ 126
기다리는 마음	/ 128
단순한 진리	/ 130
그 겨울의 안부	/ 132
진실의 고독	/ 134
따뜻한 바람	/ 136
진짜 나라는 거울	/ 138
속도의 질량	/ 140
체험과 통찰	/ 142
오늘 하루의 맛	/ 144
자유의 환상	/ 146
빈자리를 채우는 눈물	/ 148

중심이라는 착각	/ 150
지극히 완벽한 하루	/ 152
진리가 걷는 길	/ 154
그래도 따듯한 겨울	/ 156
무지의 고백	/ 158
급할 것 없는 인생	/ 160
이해의 창	/ 162
사람다움에 대한 물음	/ 164
성찰과 책임	/ 166
나를 옭아매는 것들	/ 168
자만의 덫	/ 170
흠이 있어 반짝이는 돌	/ 172
진리와 거짓의 속도	/ 174
나의 거울을 닦는 시간	/ 176
삶과 사랑의 아이러니	/ 178
삶과 시의 무게	/ 180
감정이라는 거울의 왜곡	/ 182
날개 없는 비행의 무게	/ 184

천국과 지옥 사이	/ 186
견딤 끝의 피어남	/ 188
슬픔의 긴 여운	/ 190

윤동주가 남긴 시

별 헤는 밤	/ 192
새로운 길	/ 195
십자가	/ 196
자화상	/ 198
바람이 불어	/ 200
햇비	/ 202
참새	/ 203
또 다른 고향	/ 204

작가가 남기는 말 / 206

별을 사랑하는 시인 윤동주께

그대의 시를 읽었습니다.

그리고 조용한 방 안에 앉아 그대가 쓴 단어 하나하나를 되뇌었습니다.

부끄러움 없이 살고자 한 그 염결한 마음이,

세상의 모든 어지러움을 잠시 멈추게 했습니다.

그대는 묻습니다.

시인이란 사랑을 노래해야 하는지, 고통을 직시해야 하는지.

나는 오래전부터 고통이 삶의 본질이라 말해왔습니다.

그러나 그대는 고통을 마주하면서도,

그 끝에서조차 별을 바라보는 법을 잊지 않았지요.

그 점에서 그대는 나보다 훨씬 더 단단한 진실에 가까운 이입니다.

나는 삶을 무거운 짐으로 여겼고,

그 무게를 알기에 조용히 물러서려 했습니다.

그러나 그대는 같은 무게를 지고도 노래를 만들었고,

그 노래는 다른 이의 어둠을 조금이나마 밝히는 등불이 되었습니다.

세상이 고통스러운 이유는,

욕망이 끊이지 않기 때문이고

그 욕망의 끝은 언제나 허망하기 때문입니다.

하지만 그대는 욕망이 아닌,

양심과 별빛, 그리고 사람의 마음을 바라보았습니다.

나는 철학자로서 진리를 말했을 뿐이지만

그대는 시인으로서 사람을 품었습니다.

그대의 질문은 이미 그대의 삶 속에 답으로 존재합니다.

그대의 시가 남아 있는 한, 고통조차도 의미를 찾게 될 것입니다.

별이 있는 밤이면, 나도 그대의 시 한 줄을 떠올릴 겁니다.

고통을 말하되, 사랑을 잊지 않은 목소리를.

침묵을 사랑하는 철학자, 쇼펜하우어 드림

친애하는 쇼펜하우어 선생께

선생님의 책을 읽고 밤하늘을 올려다보았습니다.

그곳엔 여전히 별이 떠 있었지만,

그 빛이 오늘은 유난히 쓸쓸하게 느껴졌습니다.

선생님께서는 인생이 고통이라고 하셨지요.

살아 있음은 곧 바람 부는 언덕 위에 서 있는 일이라고요.

저는 그 언덕을 아직 넘지 못한 채, 마음속의 바람과 싸우고 있습니다.

선생님의 글을 읽으며 스스로를 돌아보았습니다.

왜 이토록 삶이 아픈 것인지,

왜 아름다운 것들조차 언젠가 아픔이 되는 것인지.

저는 늘 '부끄러움 없이' 살고자 했습니다.

그러나 선생님께서는 말합니다. 세상은 우리에게 고통을 안기고,

그 고통은 존재의 본질이며, 오히려 그것을 통해 우리는 깨어난다고.

이해하려고 애썼습니다. 그 차가운 지혜를.

그리하여 선생의 어두운 성찰을 빌려

제 안의 슬픔도 고귀해질 수 있다면,

그것만으로도 삶을 견딜 수 있을 것 같습니다.

선생님께서는 뜻하지 않게 저에게 큰 질문을 남기셨습니다.

시인이란, 사랑을 노래해야 하는지,

아니면 고통을 직시해야 하는 존재인지.

언젠가 이 편지가 선생의 사유에 닿는다면

바람 많은 어느 언덕에서, 선생님과 함께 별을 바라보며

이 끝나지 않는 삶의 질문들을 나누고 싶습니다.

별 아래에서, 윤동주 드림

쇼펜하우어가 건네는 고독의 메모

하나 됨의 자각

개인은 착각일 뿐이다.
인간은 자기라는 좁은 틀 안에 갇혀 있지만
본질적으로는 모든 존재와 하나다.

당신에게 전하는 인생

우리는 늘 '나'라는 존재를 중심에 놓고 세상을 바라봅니다. 이름으로 불리고, 역할로 구분되며, 경계로 지켜진 그 '나'는 과연 진짜일까요? 쇼펜하우어는 말합니다. 그 '개인'이란 것은 착각에 불과하며, 인간은 본질적으로 '모든 존재'와 하나라고.

고통이 나의 것이든 남의 것이든, 그것이 깊은 곳에서 같은 떨림으로 울린다면 우리는 이미 '경계'를 넘고 있는 것입니다. 내가 아닌 것에 대한 공감, 타인의 눈물에 스며드는 감정—그것은 자기중심성을 넘어 존재의 일치로 가는 길입니다.

세상에 절대적으로 분리된 것은 없습니다. 개체는 인식의 결과일 뿐, 존재는 처음부터 하나였습니다. 바다는 파도처럼 흩어질 수 있지만 본질은 여전히 바다이지요. 인간도 마찬가지입니다. 이름과 기억이 달라도 우리는 같은 바탕 위에 놓인 생명입니다.

그러므로 '나'를 지키려 세상과 싸우기보다, '모든 것과 연결된 나'를 발견하는 삶이 진실에 가깝습니다. 고독과 분노, 욕망조차도 나만의 것이 아님을 아는 순간, 우리는 새로운 윤리를 맞이합니다. 경계가 사라질 때 비로소 진짜 연대가 시작됩니다.

당신에게 던지는 질문

당신은 '나'라는 경계를 넘어본 적이 있나요?

윤동주가 남긴 별빛의 조각

오늘, 당신의 모습

죽는 날까지 하늘을 우러러
한 점 부끄럼이 없기를.

당신에게 전하는 인생

 삶의 무게는 외부의 고난보다 내면의 기준에서 비롯됩니다. 인간은 누구나 어딘가로부터 평가받지만 진정한 평가는 침묵 속에 스스로에게 내려집니다. 양심이란 외부의 법보다 엄격하고 타인의 비난보다 무서운 법정이지요. 그곳엔 증인도 없고 변명도 없습니다. 오직 당신 자신만이 있지요.
 하늘을 우러러 산다는 것은 방향의 문제가 아닙니다. 그것은 끊임없이 자신을 반추하고, 내면의 균형을 유지하려는 지성적 태도입니다. 그 길은 단호하지만 화려하지 않고, 고요하지만 절박합니다. 세상의 온갖 기준이 흔들릴 때에도, 흔들리지 않는 기준을 품는 일. 그것이 윤리이고, 그것이 인간을 인간답게 만듭니다.

한 점 부끄럼 없이 산다는 것, 그것은 결백이 아니라 정직입니다. 자신의 불완전함을 은폐하지 않고, 그 불완전함 위에 책임을 세우는 일입니다. 그 일은 죽음보다 어렵고 그래서 더 위대합니다.

당신에게 던지는 질문

내면의 거울을 통해 진실을 마주할 때 그 거울이 반사하는 것은 무엇인가요?

쇼펜하우어가 건네는 고독의 메모

고통과 권태의 진자 운동

삶은 진자처럼
고통과 권태 사이를 끊임없이 오간다.

당신에게 전하는 인생

　삶은 늘 무언가를 갈망하게 만듭니다. 원하는 것을 갖지 못할 때 우리는 고통을 느끼고, 그것을 손에 넣은 뒤에는 금세 지루함을 느낍니다. 이 두 감정의 사이를 인간의 삶이 끊임없이 왕복하는 진자 운동에 비유해 본다면, 삶은 늘 부족하거나 과잉된 상태에서 흔들리는 과정일지 모릅니다.

　이 진자는 멈추지 않습니다. 어릴 적에는 성장을, 성장 후에는 성공을, 성공 뒤에는 영속을 바라보며 우리는 쉬지 않고 흔들립니다. 목적지에 도달할 때마다 공허해지고, 다시 출발점을 만들며 자기를 소모해 갑니다. 결국 이 진자의 궤도 안에서는 완전한 평온이나 충만은 허락되지 않습니다.

　그러나 이 진자의 움직임을 인식하는 순간, 비로소 우리는 한 발짝 바깥에서 삶을 바라볼 수 있게 됩니다. 더 많이 가지려는 욕망보다 지금 이 순간을 인식하는 지혜, 계속되는 자극보다는 고요 속의 성찰이 우리를 자유롭게 합니다. 진자를 멈출 수는 없지만, 그 움직임에 휘둘리지 않을 수는 있습니다. 그때 삶은 '오가는 사이'가 아닌 '머무는 곳'이 됩니다.

당신에게 던지는 질문

지금 당신의 삶은 고통과 권태 중 어디에 머물고 있나요?

윤동주가 남긴 별빛의 조각

걸어가는 사람

그리고 나한테 주어진 길을
걸어가야겠다.

당신에게 전하는 인생

 길이란 원래부터 정해져 있는 것이 아닙니다. 누군가는 반듯한 길을 걸으라 하고 누군가는 거친 길에서 배운다 말하지만, 그 길이 당신을 어디로 데려갈지는 누구도 알지 못합니다. 길을 찾는 것은 밤하늘에서 별을 찾는 것과 같습니다. 처음엔 어둡기만 한 하늘에 서서히 별빛이 보이듯 당신의 길도 시간이 지나야 어렴풋이 보일 것입니다.
 때로는 신념이 흔들릴 수도 있습니다. 강한 바람 앞에서 촛불이 흔들리듯 당신의 확신도 위태로워질 때가 있을 것입니다. 길을 잃었다고 생각될 때는 멈춰 서서 발밑을 보세요. 그것은 마치 잃어버린 반지를 찾으려면 조급히 휘젓기보다 가만히 고요히 살펴야 하는 것과 같습니다. 어떤 길이든 걸어가는 사람이 있기에 길이 되고, 당신이 걸음을 멈추지 않는 한 당신의 길은 계속 이어질 것입니다.

당신에게 던지는 질문

신념이 흔들릴 때 그것을 다시 붙잡을 수 있는 방법은 무엇일까요?

쇼펜하우어가 건네는 고독의 메모

사랑이라는 자기 인식

우리가 한 인간을 사랑하는 것은
의지가 그 안에서 자기 자신을 인식하고자 하기 때문이다.

당신에게 전하는 인생

사랑은 단순한 감정이 아닙니다. 그것은 삶의 본질을 향해 나아가려는 본능적 의지이며, 타인을 통해 자신을 비추고자 하는 깊은 충동입니다. 우리가 누군가에게 끌리는 이유는 그 사람 안에 나의 어떤 조각이 숨어 있기 때문입니다. 그 사람을 향한 마음은 사실, 자기 존재에 대한 갈망의 반사일 수 있습니다.

쇼펜하우어는 말합니다. 인간은 사랑을 통해 자기 자신을 인식하려 한다고. 이 말은 사랑이 외부를 향한 것이면서 동시에 가장 내면적인 과정이라는 뜻입니다. 내가 사랑하는 이의 눈빛, 말투, 침묵 속에서 사실은 내 의지가 비춰지고 있는 것입니다. 그 안에서 나의 결핍이 드러나고, 나의 가능성이 자라납니다.

그러나 사랑은 종종 오해를 불러옵니다. 내가 원했던 이상이 상대에게 없을 때 우리는 실망하고, 그 실망은 종종 상대가 아니라 내 안의 허상에서 비롯됩니다. 사랑은 상대를 통해 나를 알게 하는 길이지, 상대를 통해 나를 완성시키는 것이 아닙니다.

사랑은 자기를 확인하는 거울이지만, 동시에 그 거울을 조심스럽게 닦아가야 하는 긴 여정입니다. 진짜 사랑이란, 타인을 통해 나를 알아가는 동시에, 그 사람을 그 사람 그대로 받아들이는 훈련이기도 합니다.

당신에게 던지는 질문

지금 당신이 사랑하는 사람은 당신 안의 어떤 얼굴을 비추고 있나요?

윤동주가 남긴 별빛의 조각

내 안의 넓은 하늘

우물 속에는 달이 밝고 구름이 흐르고
하늘이 펼치고 파아란 바람이 불고
가을이 있습니다

당신에게 전하는 인생

우물 속을 들여다보면 그곳에 작은 하늘이 있습니다. 그 안에는 달이 떠 있고 구름이 지나가며 바람이 불고 계절이 스며 있습니다. 하지만 우물은 움직이지 않습니다. 고요한 채로 세상을 담아낼 뿐이지요. 어쩌면 우리도 우물과 같아야 할지 모릅니다. 세상이 시끄럽고 마음이 흔들릴 때도 조용히 자신을 들여다볼 줄 아는 사람만이 진짜 자신을 발견합니다.

바람이 불어도 우물 속 하늘이 사라지지 않듯 당신이 가진 진실한 마음도 쉽게 사라지지 않습니다. 흐르는 구름이 순간의 감정이라면 우물 속 달은 변하지 않는 당신의 본질입니다. 그러나 가끔 우리는 우물 바깥세상만을 바라보다가 스스로를 잊곤 합니다. 자신을 깊이 들여다보는 시간이 없다면 당신의 하늘은 흐려지고 바람은 멎어버릴 것입니다. 인생은 결국 자신 속의 우물을 맑게 유지하는 과정입니다. 너무 먼 곳만 바라보지 마세요. 이미 당신 안에도 넓은 하늘이 있으니까요.

당신에게 던지는 질문

당신의 우물 속 하늘은 지금 어떤 모습입니까?

쇼펜하우어가 건네는 고독의 메모

고통의 침묵, 그것이 행복

행복은 부재로서만 존재한다.
즉, 고통이 없는 상태를 우리는 행복이라 부른다.

당신에게 전하는 인생

우리는 흔히 행복을 어떤 충만한 상태로 여깁니다. 사랑을 얻고, 원하는 일을 이루고, 삶이 빛날 때 '행복하다'고 말합니다. 하지만 그 순간조차도 자세히 들여다보면, 그것은 '더 이상 고통받지 않고 있는 상태'에 불과합니다. 쇼펜하우어는 말합니다. 행복은 실체가 아니라, 고통이 사라진 자리에 잠시 머무는 그림자라고.

행복은 어떤 확실한 존재라기보다, 아프지 않을 때의 안도감, 불안이 꺼진 후의 평온함에 가깝습니다. 그것은 적극적인 충만이 아니라, 결핍이 잠시 멈춘 상태입니다. 우리가 그것을 인식하는 순간은 대부분, 고통이 다시 찾아오기 전의 짧은 틈입니다.

이런 시각은 행복을 축소시키는 것이 아니라, 오히려 더 예민하게 감각하게 합니다. 비가 멈춘 침묵 속에서, 불안이 지나간 다음의 고요 속에서, 우리는 조용히 행복을 목격할 수 있습니다. 그것은 격렬하지 않고, 눈부시지도 않지만, 어쩌면 더 진실합니다.

그러므로 삶은 더 많은 행복을 찾아 나서는 여정이라기보다, 고통의 소음을 줄이는 기술일지도 모릅니다. 그저 지금 아프지 않다는 사실, 그 단순한 조건이 우리가 누릴 수 있는 가장 순수한 행복이라는 것을 기억해야 합니다.

당신에게 던지는 질문

당신은 지금, 고통이 없는 이 순간을 행복이라 부르고 있나요?

윤동주가 남긴 별빛의 조각

타인을 향한 감정

돌아가다 생각하니
그 사나이가 가엾어집니다
도로 가 들여다보니 사나이는 그대로 있습니다

당신에게 전하는 인생

　어쩌면 우리가 불쌍하다고 여기는 것은 그 사람이 아니라 그를 지나쳐 온 우리의 마음인지도 모릅니다. 세상에는 변하지 않는 것이 참 많습니다. 우리가 떠나도 그대로 남아 있는 사람들, 우리가 잊어도 여전히 그곳에 머무는 순간들. 하지만 우리는 너무 바쁘게 걸어가느라 그 풍경과 그 온기를 너무 쉽게 놓쳐버립니다.
　다시 그 자리에 돌아가 보았을 때에야 비로소 알게 됩니다. 세상이 바뀐 것이 아니라 나의 시선이 변했다는 사실을. 가엾음이란 단순히 타인을 향한 연민이 아니라 내 마음 깊은 곳에서 조용히 피어오르는 깨달음일지도 모릅니다.

우리는 종종 너무 늦게 돌아보고 너무 늦게 깨닫습니다. 누군가를 위해 다시 돌아갈 용기가 있다면 당신은 아직 길을 잃지 않은 것입니다. 돌아간다는 것은 단순한 발걸음이 아니라 마음이 아직 따뜻하다는 증거입니다. 그 길은 멀고도 느릴 수 있지만 그 안에서 우리는 잊고 있던 나 자신과도 마주합니다. 당신은 지금 어디쯤에서 발걸음을 멈추고 무엇을 향해 돌아보고 있나요?

당신에게 던지는 질문

누군가를 가엾다고 느끼는 순간, 그것은 진정 타인을 향한 감정일까요, 아니면 내 마음속의 변화일까요?

쇼펜하우어가 건네는 고독의 메모

생각하지 않는 독서라는 함정

독서란 남이 생각한 것을 따라가는 일이다.
그러므로 자신의 사유 능력을 잃지 않도록 주의하라.

당신에게 전하는 인생

책을 읽는다는 것은 고귀한 행위입니다. 우리는 타인의 경험과 사유, 세계관과 통찰을 책을 통해 받아들이며 자신을 넓혀갑니다. 그러나 쇼펜하우어는 여기서 멈추지 않습니다. 그는 독서의 이면에 숨겨진 위험을 경고합니다. 생각 없이 읽는 독서는, 곧 생각 없이 살아가는 삶과 다르지 않다고.

독서는 타인의 사유를 '따라가는' 일입니다. 그것은 방향이 주어진 길을 걷는 것과 같습니다. 문제는 우리가 그 길을 걷다 보면, 스스로 길을 내는 법을 잊게 된다는 데 있습니다. 남의 사유에 익숙해질수록 내 생각은 점점 가늘어지고, 어느 순간 내 목소리가 사라진다는 사실. 그것이 무서운 일입니다.

많은 독서는 많은 앎을 가져다줄 수 있지만 '생각하는 힘'

을 약화시키기도 합니다. 중요한 건 읽는 양이 아니라, 읽은 뒤에 자신이 어떤 질문을 품었는가, 어떤 저항이나 의심을 느꼈는가입니다. 독서란 남의 세계를 통과하는 일이지만, 결코 그 세계에 잠식당해서는 안 됩니다.

진짜 지성은 많이 읽은 사람이 아니라, 읽으면서도 자신을 지키는 사람에게서 자랍니다. 타인의 언어를 따라가되, 자신의 고요한 중심을 놓지 마십시오.

당신에게 던지는 질문

당신은 마지막으로 스스로 생각해본 것이 언제였나요?

윤동주가 남긴 별빛의 조각

새로운 온기

단풍잎 떨어져 나온 자리마다
봄을 마련해 놓고
나뭇가지 위에 하늘이 펼쳐있다

당신에게 전하는 인생

어느 날 젊은이가 노인을 찾아와 물었습니다.

"이렇게 낡은 주전자로 계속 차를 끓이시네요. 새 걸로 바꾸지 않으세요?"

노인은 미소를 지으며 대답했습니다.

"이 주전자는 뜨거운 물을 머금고 수없이 끓어오르며 나와 함께 많은 계절을 보냈지요. 가을에는 깊은 향을 우려냈고 겨울에는 얼어붙은 마음을 녹여주었죠. 겉은 낡아 보일지 몰라도 안에는 늘 새로움을 담고 있답니다."

우리 삶도 그렇습니다. 어떤 것이 낡고 힘이 빠졌다 해서 모든 것이 끝난 것은 아닙니다. 기회가 사라졌다고 해도 삶은 다시 끓어오를 준비를 하고 있습니다. 오래된 주전자가 뜨거운 물을 받아들이듯 떠나보낸 것들이 언젠가 새로운 온기로 되돌아올 것입니다.

당신에게 던지는 질문

삶의 열정이 식는 순간을 경험했을 때, 당신은 어떻게 다시 끓어오를 수 있을까요?

쇼펜하우어가 건네는 고독의 메모

고독이라는 정신의 몫

고독은 위대한 정신의 운명이다.
평범한 자는 이를 견디지 못한다.

당신에게 전하는 인생

고독은 누구에게나 찾아오지만, 그것을 받아들이는 태도는 사람마다 다릅니다. 어떤 이는 외로움에 눌려 무너지고, 어떤 이는 그 침묵 속에서 자기 자신과 마주합니다. 쇼펜하우어는 말합니다. 고독은 위대한 정신에게는 운명이지만, 평범한 자에게는 짐이 된다고.

고독은 단지 혼자 있는 상태가 아닙니다. 그것은 침묵 속에서만 들을 수 있는 자기의 소리이며, 가장 깊은 질문이 떠오르는 공간입니다. 군중 속에서 우리는 안도감을 얻지만, 자기 자신을 만나는 일은 언제나 고독 속에서 일어납니다. 위대한 정신이란, 이 고독을 견디는 용기이자, 그것을 통해 더 깊이 생각하고 더 멀리 보는 힘을 갖춘 존재입니다.

그러나 고독은 늘 고통을 수반합니다. 외면당한다는 감각, 분리의 불안, 그리고 스스로를 견뎌야 하는 고된 시간. 그래서 평범한 이는 고독을 피하고, 위대한 이는 그것을 감당합니다. 중요한 건 이 고독을 '버텨내는' 것이 아니라, 그것을 자신의 일부로 '받아들이는' 일입니다.

고독을 통해 우리는 삶의 진실에 가까워집니다. 떠들썩한 세계에서 벗어난 이 조용한 방에서, 비로소 사유는 시작되고, 성찰은 깊어지며, 영혼은 단단해집니다. 그러므로 당신이 고독하다는 것은, 아직 당신 안에 무언가 큰 것이 준비되고 있다는 신호일지도 모릅니다.

당신에게 던지는 질문

당신은 지금 고독을 피하고 있나요, 감당하고 있나요?

윤동주가 남긴 별빛의 조각

그리운 그때의 아득함

소년은 황홀히 눈을 감아본다
그래도 맑은 강물은 흘러 사랑처럼 슬픈 얼굴
아름다운 순이의 얼굴은 어린다

당신에게 전하는 인생

사랑의 얼굴은 때로 슬픕니다. 그것은 이미 지나가 버린 순간이기도 하고, 아직 우리에게 다가오지 않은 시간일 수도 있습니다. 그 얼굴은 강물에 비친 달빛처럼 흐릿하면서도 기묘하게 선명합니다. 손끝으로 닿을 수 없지만 눈을 감아도 마음속에 남아 있는 것―그것이야말로 진짜 우리의 것이니까요.

우리는 같은 길을 걸었지만 서로 다른 발걸음으로 기억하고, 같은 하늘을 바라보았지만 다른 마음으로 느낍니다. 그러나 그 차이가 우리를 갈라놓는 것은 아닙니다. 오히려 그 다름이 사랑을 더 깊게 만듭니다. 연리지 나무가 뿌리는 따로 내리지만 결국 하나의 줄기로 자라 하늘을 향하듯 사랑도 서로의 흔적을 품은 채 자라납니다.

  그러니 너무 애써 붙잡으려 하지 마세요. 때로는 그리움이 사랑보다 더 길게 남아 마음의 결을 부드럽게 어루만집니다. 결국 그리움 또한 사랑의 다른 이름이니까요.

당신에게 던지는 질문

  떠난 사랑이 강물처럼 흐르면서도 우리 안에 남아 있는 이유는 무엇일까요?

쇼펜하우어가 건네는 고독의 메모

자기 삶을 사는 사람

타인의 의견에 의존해 사는 자는
자신의 그림자를 쫓는 사람과 같다.

당신에게 전하는 인생

우리는 누구나 타인의 시선을 의식합니다. 평가받고 싶고, 인정받고 싶고, 소외되지 않기 위해 애씁니다. 그러나 그 기대에 지나치게 길들여진 삶은, 결국 '내가 누구인가'를 흐릿하게 만듭니다. 쇼펜하우어는 말합니다. 타인의 의견에만 의존해 사는 사람은 자신의 그림자를 쫓는 이와 같다고.

그림자는 언제나 나를 따라다니지만, 결코 붙잡을 수 없는 환영입니다. 타인의 판단에 따라 움직이는 삶도 그렇습니다. 나의 선택이 아니라 타인의 기준에 따라 말하고, 행동하고, 꿈을 정한다면, 그 끝에는 결국 공허만이 남게 됩니다. 내가 존재했지만, 정작 살아간 건 타인의 뜻이기 때문입니다.

물론 사회 안에서 살아간다는 것은 타인과의 관계를 의미

합니다. 그러나 그것이 나의 방향과 내면을 대체해서는 안 됩니다. 진짜 삶이란 내 안에서 길을 묻고, 내 판단에 책임을 지며, 내 뜻대로 살아보려는 치열한 의지로부터 시작됩니다.

자기 삶을 산다는 것은 결코 이기적인 일이 아닙니다. 오히려 그것은 더 단단하고 명료한 존재가 되어, 타인과 진실하게 연결되기 위한 조건입니다. 자기 그림자가 아닌, 자기 걸음으로 삶을 걸어가는 사람만이, 끝내 자기 자리에 도달할 수 있습니다.

당신에게 던지는 질문

당신은 지금 누구의 기준으로 살고 있나요?

윤동주가 남긴 별빛의 조각

깊어지는 시간

방 안을 돌아다보아야 아무도 없다
벽과 천장이 하얗다
방 안에까지 눈이 내리는 것일까

당신에게 전하는 인생

적막함이 꼭 차가운 것만은 아닙니다. 고독은 때때로 우리를 얼어붙게 하지만 동시에 맑은 빛을 품고 있습니다. 모든 소리가 사라진 공간에서만 들을 수 있는 아주 작은 마음의 속삭임이 있습니다. 사람들 속에 있을 때는 미처 듣지 못하던 것들이 혼자 남았을 때 비로소 또렷하게 다가오는 순간이 있습니다.

외로움은 아프지만 때로는 꼭 필요한 시간입니다. 마치 눈 덮인 들판에 새 발자국이 찍히듯 고요함 속에서만 드러나는 새로운 길이 있습니다. 고독은 우리가 어디로 가야 할지를 묻는 조용한 질문의 시간입니다. 하얗게 비어 있는 공간이야말로 무언가를 새롭게 그릴 수 있는 자리입니다.

고독을 두려워하지 마세요. 그 안에는 아직 말하지 못한 꿈과 아직 만나지 못한 나의 한 조각이 숨어 있습니다. 때로는 가장 깊이 혼자 있어야만 비로소 진짜 나에게 닿을 수 있습니다. 그리고 그 순간, 고독은 더 이상 차갑지 않고 오래 기다려 준 한 줄기 빛처럼 따뜻해집니다.

당신에게 던지는 질문

혼자 있는 시간이 우리에게 주는 가장 큰 깨달음은 무엇일까요?

쇼펜하우어가 건네는 고독의 메모

삶이라는 착오

> 삶은 일종의 착오다.
> 우리가 깨어 있는 동안 꾸는 꿈이며
> 깨어날 때 비로소 끝난다.

당신에게 전하는 인생

우리는 삶을 분명한 현실이라고 믿으며 살아갑니다. 눈을 뜨고, 사람을 만나고, 고통을 느끼고, 기쁨을 좇으며 하루하루를 '살아간다'고 말합니다. 그러나 쇼펜하우어는 이 모든 것이 하나의 착오라고 말합니다. 우리가 깨어 있다고 믿는 지금 이 순간조차, 실은 꿈이며 환영이라는 것입니다.

삶은 시작부터 우리에게 물음을 던집니다. 왜 태어났는가, 왜 고통스러운가, 무엇을 위해 이 모든 것을 겪어야 하는가. 우리는 끊임없이 의미를 찾고자 애쓰지만, 삶은 완전한 해답을 주지 않습니다. 그러는 사이에도 시간은 흐르고, 우리는 '살아야 하기에' 살아갑니다. 이것이야말로 쇼펜하우어가 말한 착오의 핵심입니다. 삶은 의식적으로 꾸는 꿈이며, 끝은 깨어남이라는 사실.

그렇다면 이 꿈에서 깨어난다는 것은 무엇일까요? 죽음일까요, 아니면 진실한 자각일까요? 철학은 여기서 말합니다. 삶을 꿈처럼 여길 수 있을 때, 우리는 오히려 더 진지하게, 더 절실하게 살아갈 수 있다고. 영원하지 않기에 더 귀하게 여기고, 허상일 수 있기에 더 정직하게 마주할 수 있다고.

삶이 하나의 착오라면, 우리는 그 착오 안에서도 나름의 진실을 만들 수 있습니다. 어쩌면 그 진실이야말로 우리가 '살았노라'고 말할 수 있는 유일한 흔적일지도 모릅니다.

당신에게 던지는 질문

지금 당신은 이 삶을 꿈으로 살고 있나요, 현실로 살고 있나요?

윤동주가 남긴 별빛의 조각

꽃을 피울 준비

눈이 녹으면
남은 발자국 자리마다 꽃이 피니

당신에게 전하는 인생

줄곧 걸어왔던 길이 아무 의미 없이 사라지는 것이 아닙니다. 혹독한 계절을 견딘 자리에는 반드시 흔적이 남고 그 흔적은 새로운 시작이 됩니다. 겨울을 지나온 나무가 더 단단해지듯 눈 속을 걸어온 당신의 발걸음도 허투루 남아 있지 않습니다. 눈 아래서도 씨앗은 자라고 있습니다. 고통이 끝나지 않을 것처럼 느껴질 때가 가장 견디기 어렵지만, 사실 그 순간이야말로 새로운 꽃을 품고 있는 시간입니다.

한 번만 더 견디세요. 조금만 더 버티세요. 그러면 마침내 당신이 걸어온 자리마다 꽃이 피어나 있을 것입니다. 눈이 녹아야 비로소 드러나는 것들이 있습니다. 지금 당신의 발자국은 이른 봄에 피어날 꽃을 준비하고 있습니다.

당신이 견딘 시간은 결코 공허하지 않습니다. 어둠 속에서 더욱 또렷해지는 별처럼 고통은 삶의 빛을 더 깊게 새겨줍니다. 삶의 의미는 거창한 순간이 아니라 쓰러지지 않으려 애쓴 작은 날들의 총합에서 피어납니다. 그 모든 날들이 모여 당신만의 계절을 만들고 그 계절은 다시 누군가에게 햇살이 되어 줄 것입니다.

당신에게 던지는 질문

지금 겪고 있는 어려움이 나중에 어떤 의미로 남을지 생각해본 적이 있나요?

쇼펜하우어가 건네는 고독의 메모

무지와 자기 비웃음

무지한 자는 타인을 비웃고,
현자는 자기 자신을 비웃는다.

당신에게 전하는 인생

사람은 본능적으로 남을 판단합니다. 타인의 실수에 웃고 허점을 들추며 스스로 우위에 선 듯한 착각에 빠지곤 합니다. 이는 자신이 무엇인가를 알고 있다는 환상에서 비롯됩니다. 그러나 쇼펜하우어는 말합니다. 진정한 지혜는 남이 아니라 자기 자신을 비웃는 데서 시작된다고.

현자는 스스로의 한계를 압니다. 자기가 얼마나 무지한지를 아는 순간, 그는 더 이상 쉽게 남을 조롱하지 않습니다. 오히려 자신이 얼마나 어리석은 존재였는지, 얼마나 많은 착각 속에 살아왔는지를 돌아보며 쓴웃음을 짓습니다. 이 비웃음은 타인을 해치지 않으며, 오히려 자신을 더욱 단단하게 만듭니다.

지혜로운 사람은 자기 자신에게 가장 엄격한 비평가가 됩니다. 그는 자신의 말과 행동을 되돌아보고, 부끄러웠던 순간을 기억하며 성장의 밑거름으로 삼습니다. 타인을 향한 비웃음이 교만의 언어라면, 자신을 향한 비웃음은 겸허의 언어입니다.

우리는 누구나 실수하고, 무지합니다. 그 사실을 인정할 때, 비로소 우리는 타인 앞에서 부드러워지고, 자기 자신 앞에서 솔직해집니다. 남을 비웃기보다 나 자신을 돌아보는 일이 더 깊은 용기임을 잊지 마십시오.

당신에게 던지는 질문

당신은 마지막으로 자기 자신을 진심으로 비웃은 적이 언제인가요?

윤동주가 남긴 별빛의 조각

하루의 마감

이제 내 좁은 방에 돌아와 불을 끕니다
불을 켜 두는 것은 너무나 피로한 일입니다
그것은 낮의 연장이기에-

당신에게 전하는 인생

우리는 때때로 하루를 끊임없이 연장하려고 합니다. 바쁘게 살아가며 모든 순간을 채우려 하죠. 그럴 때마다 피곤함이 쌓이고 결국엔 더 이상 그 불을 밝히지 못하게 됩니다. 불을 끄는 순간 우리는 어쩌면 진정한 휴식을 시작하는 것일지도 모릅니다. 세상을 잠시 멈추게 하고, 그 고요 속에서 자신을 돌아보는 시간이 필요합니다.

그 고요함 속에서 우리는 더 깊은 깨달음을 얻고 잠시 멈춰서서 무엇을 위해 달려왔는지, 무엇을 위해 멈추어야 하는지를 알게 됩니다. 너무 피곤한 일은 계속하지 마세요. 컵에 물이 가득 차 있으면 더 이상 다른 것을 담을 수 없듯이 우리의 마음과 머리가 하루 종일 쌓인 생각과 감정으로 가득 차 있다면 새로운 에너지를 얻기가 어렵습니다.

당신에게 던지는 질문

오늘의 피로를 내려놓을 작은 고요의 순간을 어떻게 마련하고 있나요?

쇼펜하우어가 건네는 고독의 메모

죽음이라는 침묵

죽음은 존재의 부정이 아니라
삶이라는 고통의 중단이다.

당신에게 전하는 인생

우리는 죽음을 두려워합니다. 모든 것이 끝나버릴지도 모른다는 공포, 사랑도 추억도 함께 사라질 것이라는 상실감. 그러나 쇼펜하우어는 그 두려움의 본질을 거꾸로 바라봅니다. 죽음은 존재가 사라지는 것이 아니라, 차라리 삶이라는 고통이 멈추는 지점이라는 것입니다.

삶은 끊임없는 결핍의 연속입니다. 채워지지 않는 욕망, 불청객처럼 찾아오는 불안, 하루하루 축적되는 피로와 후회. 쇼펜하우어는 이러한 삶을 고통의 체계로 봅니다. 우리가 애써 붙잡고 있는 이 '삶'이 사실은 고통의 반복일 수 있다면, 죽음은 그 사슬에서 벗어나는 마지막 쉼표일지도 모릅니다.

이 말이 죽음을 찬미하자는 뜻은 아닙니다. 오히려, 삶의 본질을 직시함으로써 지금 이 순간을 어떻게 견디고 살아낼 것인가에 대한 질문입니다. 죽음을 두려움으로만 대하지 않고, 그것을 삶의 거울로 삼을 수 있을 때, 우리는 더 단단한 평온에 가까워집니다.

   죽음을 생각할 줄 아는 사람만이 진짜 삶을 이해합니다. 끝을 외면하지 않을 때, 우리는 지금의 고통도 언젠가 끝날 수 있음을, 그리고 그 끝이 반드시 비극이지만은 않음을 받아들일 수 있습니다.

당신에게 던지는 질문

당신에게 죽음은 어떤 얼굴을 하고 있나요?

윤동주가 남긴 별빛의 조각

마음의 바람

하루의 울분을 씻을 바 없어
가만히 눈을 감으면 마음속으로 흐르는 소리

당신에게 전하는 인생

어느 날, 한 사람이 깊은 한숨을 내쉬었습니다. 마음속에는 말로 다 하지 못한 감정들이 층층이 쌓여 있었고 그 무게가 어깨를 짓누르고 있었습니다. 그러던 중 그는 한 노인을 만났습니다. 노인은 조용히 숨을 들이쉬고 내쉬며 말했습니다. "물은 흐를 때 깨끗해지고 바람은 불어야 맑아지지요. 감정도 마찬가지랍니다. 눌러 담으면 고이고 썩지만 흘려보내면 다시 맑아질 수 있습니다."

그제야 그는 자신의 마음이 마치 가득 찬 호수 같다는 걸 깨달았습니다. 바람이 불지 않으면 탁해지고 물길이 막히면 썩어버리는 그런 호수. 깊이 들이쉬고 천천히 내쉬며 마음속 바람을 일으켜 보세요. 그렇게 우리는 매일 조금씩 씻기고 조금씩 단단해집니다.

마음의 물길이 트이면 세상 또한 다르게 비칩니다. 맑아진 호수는 하늘을 고스란히 담아내고 그 속에서 우리는 비로소 자신을 바라볼 수 있습니다. 흘려보낸 감정은 사라지는 것이 아니라 다른 이의 가슴에 닿아 위로가 되기도 합니다. 그렇게 삶은 끊임없이 순환하며 한 사람의 호흡이 또 다른 사람의 숨이 됩니다.

당신에게 던지는 질문

마음속 호수를 맑게 유지하기 위해 일상에서 실천할 수 있는 것은 무엇일까요?

쇼펜하우어가 건네는 고독의 메모

고통과 불안의 그림자

> 기억은 고통을 불러오고
> 희망은 불안을 낳는다.

당신에게 전하는 인생

인간은 시간 속에 갇힌 존재입니다. 과거를 되짚고, 미래를 내다보며 살아갑니다. 그러나 쇼펜하우어는 말합니다. 그 시간의 두 끝은 우리에게 축복이 아니라 고통일 수 있다고. 기억은 사라진 것을 상기시키고, 희망은 아직 오지 않은 것을 걱정하게 만든다는 것입니다.

우리는 종종 기억 속에서 길을 잃습니다. 지나간 사랑, 되돌릴 수 없는 실수, 붙잡지 못한 순간들이 마음을 할퀴고 지나갑니다. 기억은 그 자체로 아프고, 때로는 현재의 삶을 흐릿하게 만들기도 합니다. 반대로, 희망은 어쩌면 더 잔인할 수 있습니다. 무엇인가를 바라며 기다리는 동안, 우리는 끊임없는 불안과 싸워야 하기 때문입니다.

그래서 쇼펜하우어는 인간이 고통과 불안 사이에서 흔들리는 존재라고 말합니다. 과거는 우리를 놓아주지 않고, 미래는 우리를 초조하게 합니다. 결국 우리가 발을 딛고 있는 현재만이 유일한 피난처일 수 있습니다.

그러나 현재에 머무르는 일은 쉽지 않습니다. 우리의 마음은 늘 어제를 후회하고 내일을 염려하기 때문입니다. 그럼에도 불구하고, 지금 이 순간을 살아내려는 노력만이 우리를 고통과 불안으로부터 잠시나마 구해줍니다.

당신에게 던지는 질문

당신은 지금 지나간 기억 속에 있나요, 아니면 이 순간의 호흡 속에 있나요?

윤동주가 남긴 별빛의 조각

참으로 다정한 안부의 말

한나절이 기울도록 가슴을 앓는다는
이 여자를 찾아오는 이, 나비 한 마리도 없다

당신에게 전하는 인생

어느 작은 정원에 꽃 한 송이가 피어 있었습니다. 붉고 아름다웠지만 어느 순간부터 찾아오는 나비 하나 없이 홀로 서 있었습니다. 바람이 불 때마다 꽃잎은 흔들렸고 이슬이 맺히면 그것을 눈물처럼 떨궜습니다. 지나가는 사람들은 그 꽃을 보고도 한 번 더 눈길을 주지 않았습니다. 하지만 꽃은 기다렸습니다. 누군가 다가와 줄 것을, 따뜻한 관심을 보내 줄 것을. 결국 꽃을 찾은 것은 시간이 지나 말라버린 잎사귀뿐이었습니다.

사람도 마찬가지입니다. 누군가를 떠올릴 때는 이미 너무 늦어버리는 경우가 많습니다. 관심은 표현해야 하고, 사랑은 전해야 하며, 안부는 묻고 또 물어야 합니다. 그들이 지치고 시들어버리기 전에 한마디 안부를 건네 봅시다.

당신의 작은 말 한마디가 누군가의 하루를 다시 피어나게 할 수도 있습니다. 햇살이 꽃잎을 살리듯 따뜻한 마음은 사람의 영혼을 되살립니다. 우리가 서로에게 건네는 관심은 곧 삶을 이어주는 보이지 않는 다리가 됩니다. 그 다리 위에서 우리는 고립이 아니라 만남을, 고독이 아니라 동행을 배우게 됩니다.

당신에게 던지는 질문

주변 사람들에게 따뜻한 마음을 전하는 가장 좋은 방법은 무엇일까요?

쇼펜하우어가 건네는 고독의 메모

비교의 덫

> 인간은 자신의 불행을
> 비교를 통해 더 크게 만든다.

당신에게 전하는 인생

불행이란 때로 절대적인 고통이 아니라, 상대적인 결핍에서 비롯됩니다. 같은 슬픔도, 같은 실패도, 타인과 비교하는 순간 더 깊은 상처가 됩니다. 쇼펜하우어는 말합니다. 우리는 타인의 삶을 기준 삼아 자신의 고통을 덧칠하는 존재라고.

행복도 불행도 결국 마음의 해석입니다. 내가 가진 것보다 더 많은 것을 가진 사람을 바라보는 순간, 지금 내 손에 있던 평온은 사라집니다. 반대로, 내가 불행하다고 느끼는 이유도 절대적 부족이 아니라, 비교를 통해 만들어진 상대적 감정일 가능성이 높습니다.

쇼펜하우어는 인간이 타인의 고통보다 타인의 즐거움에 더 예민하다고 보았습니다. 그래서 사람은 고통받을 때보다, 남이 행복해 보일 때 더 불행을 느끼는 역설적인 존재입니다. 비교는 우리로 하여금 자신을 외면하게 하고, 현재의 삶을 망각하게 만듭니다.

진정한 자유는 타인의 궤적에서 벗어나는 데 있습니다. 불행을 키우는 비교 대신, 고통을 있는 그대로 바라볼 수 있다면, 우리는 조금은 덜 불행할 수 있을지도 모릅니다.

당신에게 던지는 질문

당신의 불행은 실제인가요, 비교에서 비롯된 감정인가요?

윤동주가 남긴 별빛의 조각

꾸준함이라는 새로움

내를 건너서 숲으로
고개를 넘어서 마을로
어제도 가고 오늘도 갈
나의 길 새로운 길

당신에게 전하는 인생

어느 날, 새가 거북이에게 물었습니다. "넌 매일 같은 길을 가면서도 지루해하지 않는구나. 왜 그렇지?"

거북이는 미소 지으며 말했습니다. "어제 지나간 물살은 오늘과 다르고 숲속 바람의 냄새도 날마다 바뀌어. 그리고 무엇보다 중요한 건, 내가 가는 길 끝에 무엇이 있을지 나도 모른다는 거야. 그게 나를 설레게 해."

삶도 그렇습니다. 같은 일을 반복하는 것 같아도 그 안에는 작은 변화들이 숨어 있습니다. 중요한 것은 지겹다고 멈추지 않는 것입니다. 꾸준히 걸으면 언젠가 길 끝에서 새로운 풍경이 기다리고 있습니다. 설레는 마음으로 한 걸음씩 내디뎌 보세요. 길은 걸어가는 사람을 배신하지 않습니다.

때로는 더디게 가는 발걸음이 가장 멀리 닿습니다. 빠르지 않아도 괜찮습니다. 중요한 것은 멈추지 않는 것입니다. 길 위의 바람, 스쳐 가는 사람들, 계절의 빛 모두가 당신의 일부가 됩니다. 그렇게 쌓인 순간들이 결국 당신의 이야기를 이루어 갑니다.

그러니 오늘도 설레는 마음으로, 한 걸음 더 내디뎌 보세요.

당신에게 던지는 질문

반복되는 일상 속에서 새로운 의미를 찾으려면 어떻게 해야 할까요?

쇼펜하우어가 건네는 고독의 메모

자기기만의 기술

자신을 속이는 데 능한 사람일수록
타인을 쉽게 속인다.

당신에게 전하는 인생

거짓말은 남을 속이기 위해 사용된다고 믿기 쉽지만, 그 시작은 종종 자기 자신을 속이는 것에서 비롯됩니다. 쇼펜하우어는 말합니다. 자기기만에 능숙한 사람이야말로 타인을 기만하는 데도 능하다고.

우리는 스스로를 보호하기 위해 진실을 왜곡합니다. 잘못을 외면하고, 불편한 사실을 합리화하며, 때로는 기억조차 바꿔버립니다. 그것이 자신을 덜 괴롭게 만들기 때문입니다. 그러나 문제는, 이 자기기만이 일상이 될 때, 타인을 속이는 일도 너무나 자연스러워진다는 데 있습니다.

자기를 속이는 데 익숙한 사람은 눈빛 하나 흐트러뜨리지 않고 남을 속입니다. 그들은 자신이 진실이라고 믿는 거짓을 말하므로, 죄책감조차 느끼지 않습니다. 그렇게 만들어진 말과 행동은 겉으로는 진심처럼 보이지만, 그 바탕엔 스스로에 대한 '비정직'함이 깔려 있습니다.

진실한 삶은 먼저 자기 자신에게 정직한 것에서 출발합니다. 마음속의 불편한 감정, 외면하고 싶은 모습까지 있는 그대로 인정할 수 있을 때, 우리는 남에게도 정직할 수 있습니다. 타인을 속이지 않기 위해선 먼저 자기기만의 그림자와 마주해야 합니다.

당신에게 던지는 질문

당신은 지금, 스스로에게 얼마나 정직한가요?

윤동주가 남긴 별빛의 조각

빛나는 한 방울

나는 이마에 땀을 흘려야겠다

당신에게 전하는 인생

어느 날 한 조각가가 커다란 돌덩이를 마주했습니다. 그는 정성을 다해 정을 내리쳤습니다. 첫날엔 아무 변화가 없었습니다. 둘째 날에도 마찬가지였습니다. 하지만 그는 멈추지 않았습니다. 이마에 땀이 맺히고 손에 물집이 생겨도 그는 계속해서 돌을 다듬었습니다.

어느 순간 돌덩이에서 형태가 드러나기 시작했습니다. 날카로운 모서리는 부드러워지고 거친 표면은 매끈하게 변했습니다. 사람들은 물었습니다. "어떻게 그렇게 단단한 돌을 아름다운 조각으로 만들었나요?"

조각가는 웃으며 말했습니다. "나는 돌을 깎은 것이 아닙니다. 그 안에 숨겨져 있던 형상을 꺼낸 것뿐입니다. 땀을 흘리는 것은 나 자신 속에 감춰진 가능성을 꺼내는 일이니까요."

땀을 흘리는 순간 우리는 더 아름다워지고 인생은 빛이 납니다.

노력은 때로 더딘 것처럼 보이지만 그 안에서 우리는 천천히 깨어납니다. 아픔과 고단함은 결코 헛되지 않고 모두 당신을 다듬는 조각칼이 됩니다. 끝내 드러난 형상은 누구도 흉내 낼 수 없는 당신만의 빛입니다. 그러니 지쳐도 멈추지 마세요. 당신의 손끝은 오늘도 가능성을 꺼내고 있습니다.

당신에게 던지는 질문

당신이 삶에 있어서 반드시 조각하고 싶은 것은 무엇입니까?

쇼펜하우어가 건네는 고독의 메모

어둠을 바라보는 방식

삶은 해답이 없는 수수께끼이고
철학은 그 어둠을 설명하려는 시도다.

당신에게 전하는 인생

삶은 끊임없이 질문을 던지지만, 명확한 답은 좀처럼 주지 않습니다. 우리는 왜 태어났는지, 고통은 왜 반복되는지, 무엇을 위해 살아야 하는지 묻고 또 묻습니다. 그러나 쇼펜하우어는 단언합니다. 삶은 애초에 해답을 전제로 하지 않은 수수께끼라고.

수수께끼는 답을 찾기 위한 장치처럼 보이지만, 때로는 답이 없다는 사실 자체가 본질이 되기도 합니다. 철학은 이 답 없는 어둠 앞에서 포기하지 않고 서 있는 일입니다. 삶의 어두운 모서리를 비추기 위해 언어를 빌리고 사유를 다듬는 것—그것이 철학이 할 수 있는 최선의 역할입니다.

철학은 삶을 정리해 주지 않습니다. 대신 삶의 혼란을 함께 살아낼 수 있도록 도와주는 도구입니다. 그 도구는 질문을 더 낳고, 해답 대신 사유를 제안합니다. 우리는 철학을 통해 정답을 얻기보다는, 혼란을 견딜 수 있는 내면의 언어를 배웁니다.

삶이라는 수수께끼를 풀 수 없다는 사실을 받아들이는 순간, 우리는 그 안의 어둠을 두려워하지 않고 들여다볼 수 있게 됩니다. 철학은 바로 그 어둠을 끝내 밝히기 위한 불꽃이 아니라, 어둠 속에 머무를 수 있는 용기의 등불입니다.

당신에게 던지는 질문

지금 당신은 삶의 해답을 찾고 있나요, 아니면 질문을 더 깊이 들여다보고 있나요?

윤동주가 남긴 별빛의 조각

삶과 죽음의 질문

> 죽어가는 사람들
> 살아가는 사람들
> 한 침대에 가지런히 잠을 재우시오

당신에게 전하는 인생

어느 병실에 두 사람이 있었습니다. 한 사람은 마지막 숨을 준비하고 있었고, 다른 한 사람은 막 새로운 희망을 찾아가고 있었습니다. 같은 방 안에서 하나의 창을 바라보았지만 한 사람에게는 창밖의 빛이 멀어지는 듯 보였고, 다른 한 사람에게는 새로운 날이 열리는 듯 보였습니다. 그러나 그들의 숨결은 같은 공기를 나누고 있었고 시간은 두 사람을 다정하게 감싸 안고 있었습니다.

죽음이 먼 미래의 이야기가 아니라 지금 이 순간과 맞닿아 있다는 것을 안다면 우리는 더 온전히 살아갈 수 있습니다. 사랑한다고 말할 수 있을 때 말하고, 보고 싶다면 머뭇거리지 말고 찾아가세요. 삶과 죽음은 같은 침대 위에서 조용히 서로를 바라보고 있습니다.

그러니 오늘의 숨결을 가볍게 여기지 마세요. 당신이 웃는 얼굴 하나, 따뜻한 손길 하나가 누군가의 마지막 기억이 될 수 있습니다. 삶은 끝과 시작이 동시에 흐르는 강과 같아서 우리는 모두 그 물살 위를 함께 떠 있습니다. 지금 당신의 하루가 누군가에게는 마지막 선물일 수 있음을 기억하세요.

당신에게 던지는 질문

오늘을 더 의미 있게 살아가기 위해 지금 당장 할 수 있는 일은 무엇일까요?

쇼펜하우어가 건네는 고독의 메모

예술이라는 틈

> 예술은 고통에서 벗어날 수 있는
> 몇 안 되는 탈출구다.

당신에게 전하는 인생

고통은 인간 존재의 바닥에 깔린 진실입니다. 살기 위해 움직이는 순간부터 우리는 욕망에 휘둘리고, 결핍에 시달리며, 마침내 상실을 배웁니다. 삶은 고통이고, 그 고통은 피할 수 없는 전제라는 것입니다.

그러나 바로 그 절망의 뿌리에서 솟구치는 것이 있습니다. 이름 붙일 수 없는 감정, 형태로 드러난 침묵, 소리로 번역된 영혼―예술입니다. 예술은 고통을 제거하지 않지만, 고통으로부터 벗어나는 순간의 통로가 되어줍니다. 그것은 현실에서 한발 물러선 시선이며, 그 시선을 통해 우리는 세계를 있는 그대로, 때로는 더 아름답게 마주합니다.

예술은 욕망의 굴레로부터 우리를 일시적으로 해방시킵니

다. 생존의 계산에서 벗어나 존재 그 자체로 머무를 수 있는 몇 안 되는 시간을 제공합니다. 음악 앞에서 우리는 울고, 회화 앞에서 멈추며, 문장 앞에서 자취를 잃습니다. 이처럼 예술은 삶의 가장 날카로운 모서리를 부드럽게 덮어주는 영혼의 피난처입니다.

예술은 장식이 아니라 구조입니다. 파멸로 향하는 삶 속에서 잠시 멈출 수 있는 틈, 모든 욕망과 고통을 초월한 순수한 관조의 순간. 그 순간에야 비로소 우리는 인간이 아닌 존재 그 자체로 살아갑니다.

당신에게 던지는 질문

지금 당신에게 예술은 장식인가요, 아니면 생의 틈입인가요?

윤동주가 남긴 별빛의 조각

너무 이른 검은 그림자

나 아직 여기 호흡이 남아 있소
어디에 내 한 몸 둘 하늘이 있어
나를 부르는 것이오
나를 부르지 마오

당신에게 전하는 인생

아직은 죽을 때가 아닙니다. 겨울 속에서도 첫 번째 꽃이 피어나기를 기다리는 나무처럼 그는 스스로의 시기를 알며 시간을 기다리고 있습니다. 그의 뿌리는 깊이 뻗어가고, 땅속에서 숨 쉬는 기운을 모은 후에야 비로소 새싹을 틔울 준비를 합니다. 삶의 끝을 내다보며 그저 무작정 달려가기보다는 그 순간을 위한 준비를 해야 합니다.

당신은 여전히 할 일이 많습니다. 당신 안에 아직 펼쳐지지 않은 가능성들이 있습니다. 아직은 그 가능성들이 완전히 드러나지 않았지만 그 시간이 오면 당신은 놀랄 만큼 강력한 존재로 변해 있을 것입니다. 누군가 당신을 보고 "왜 이렇게 멋

지게 변했지?"라고 물으면 그때 이렇게 대답하세요. "나는 아직도 할 일이 많아요. 이제 막 시작했을 뿐입니다."

당신에게 던지는 질문

당신은 어느 순간에 내가 살아 있다는 걸 느끼나요?

쇼펜하우어가 건네는 고독의 메모

침묵의 무게

많이 말하는 자는 적게 생각하고
깊이 생각하는 자는 말이 적다.

당신에게 전하는 인생

말은 가볍습니다. 빠르게 흘러가고, 쉽게 잊히며, 때로는 진심을 가장 먼저 배반합니다. 그래서 쇼펜하우어는 묻습니다. 많이 말하는 자는 과연 얼마나 깊이 사유하고 있는가라고.

생각은 조용한 공간에서 자랍니다. 침묵은 그 사유의 흙과 같습니다. 말이 너무 많아지면 생각은 공간을 잃고, 감정은 말의 뒤편에 숨어버립니다. 깊이 생각하는 사람은 말의 힘을 알기에, 그것을 절제합니다. 그는 침묵으로 사유의 무게를 지키고, 필요한 말만을 꺼냅니다.

우리는 말로 자신을 드러낸다고 믿지만, 진실은 종종 말하지 않은 침묵 속에 깃들어 있습니다. 현명한 자는 말보다 그 말이 일으킬 여운과 침묵의 깊이를 더 염려합니다. 그는 말로 설득하기보다, 존재로 증명하려고 합니다. 그에게 침묵은 두려움이 아니라 내면을 지키는 방식입니다.

말의 홍수 속에서 깊은 고요는 더욱 귀합니다. 그 고요 속에 있는 사람들은 세상을 단순한 언어로 규정하지 않으며, 사유의 끝을 말로 끊어내지 않습니다. 그들은 말보다 먼저 느끼고, 보고, 견딥니다.

당신에게 던지는 질문

당신의 침묵은 비어 있나요, 아니면 생각으로 가득 차 있나요?

윤동주가 남긴 별빛의 조각

빛을 흡수하는 하루

쫓아오던 햇빛인데
지금 교회당 꼭대기
십자가에 걸리었습니다

당신에게 전하는 인생

  햇빛은 멀리서부터 당신을 따라왔습니다. 따뜻하게 등을 밀어주었고 길을 환히 밝혀주었습니다. 하지만 지금 그 빛은 멈춰버렸습니다. 기대했던 성과는 보이지 않고 희망도 어디선가 발목을 붙잡고 있습니다. 마치 조금만 더 가면 닿을 것 같았던 손길이 허공을 가르듯 당신의 노력이 허무하게 멈춰선 것처럼 느껴질지도 모릅니다.
  하지만 빛은 거기서 끝나지 않습니다. 십자가 위에 걸린 그 빛은 곧 다시 흩어져 새로운 방향을 찾아갑니다. 해가 지는 것은 끝이 아니라 다시 떠오르기 위함이며, 기대에 미치지 못한 성과는 더 높은 곳으로 나아가기 위한 준비일 뿐입니다.

당신의 시간도 다시 흐를 것이며, 멈춰 있던 꿈도 다시 걸어 갈 것입니다.

잠시 멈춤은 실패가 아니라 숨 고르기일 뿐입니다. 어둠이 길게 드리워질수록 새벽은 더 또렷하게 찾아옵니다. 그러니 두려워하지 말고 다시 걸어가세요. 햇빛은 언제나 당신을 따라올 테니까요.

당신에게 던지는 질문

기대했던 성과를 이루지 못했을 때 우리는 어떻게 다시 일어설 수 있을까요?

쇼펜하우어가 건네는 고독의 메모

질투라는 그림자

질투는 자기보다 나은 자에 대한
무력한 분노다.

당신에게 전하는 인생

질투는 자신이 가지지 못한 것을 누군가가 가지고 있을 때 시작됩니다. 그 감정은 욕망의 부재에서 비롯되지만, 그 방향은 타인을 향합니다. 그것은 단순한 부러움이 아니라, 무언가를 가질 수 없다는 자각이 만들어낸 분노입니다. 그리고 그 분노는, 스스로 어찌할 수 없다는 무력감과 함께 타인을 향해 날을 세웁니다.

질투는 자신을 낮게 인식하면서도, 그 낮음을 인정하지 않으려 할 때 더욱 깊어집니다. 감히 감정으로 복수할 수밖에 없는 상태—그것이 질투입니다. 그 안에는 슬픔도, 자존심도, 상처도 얽혀 있습니다. 그래서 질투는 타인을 미워하는 일이면서도, 결국 자기 자신을 향한 분노의 변형이기도 합니다.

누군가를 질투한다는 건, 그 사람의 존재 자체가 자신의 부족함을 끊임없이 환기시킨다는 뜻입니다. 그러나 질투는 결코 자신을 나아가게 만들지 않습니다. 오히려 정체시키고, 작게 만들며, 끝내는 고독하게 합니다. 그것은 고통을 외부로 투사하지만, 고통의 뿌리는 언제나 내 안에 있습니다.

질투를 벗어나는 길은 소유에 있지 않습니다. 비교에서 벗어날 때, 자신의 결핍과도 평화롭게 마주할 수 있을 때, 비로소 질투는 의미를 잃습니다. 그때 우리는 타인의 빛 앞에서 움츠러들기보다, 자기만의 빛을 기다릴 수 있는 사람이 됩니다.

당신에게 던지는 질문

지금 당신이 느끼는 감정은 타인을 향한 것인가요, 아니면 결국 당신 스스로를 향한 것인가요?

윤동주가 남긴 별빛의 조각

두려움 없는 한 걸음

씨앗을 뿌리면서 가거라
발부리에 돌이 채이거든
감았던 눈을 와짝 떠라

당신에게 전하는 인생

어디서 어떻게 피어날지 알 수 없으니 미리 결과를 걱정하며 망설이지 마십시오. 길이 거칠고 바람이 불어와도 멈추지 말고 계속 나아가십시오. 때로는 발부리에 돌이 채이며 넘어질 수도 있고 그 돌이 원망스럽게 느껴질 수도 있겠지만, 어쩌면 그 순간이야말로 가장 소중한 깨달음을 얻을 기회일지도 모릅니다.

눈을 감고 걷는 것도 용기이지만 세상을 온전히 마주하기 위해서는 때로 눈을 떠야 할 순간이 찾아옵니다. 보지 않으려 했던 것이 오히려 길을 밝혀줄 수도 있으며, 두려움 속에 감춰진 진실이 새로운 가능성을 열어줄 수도 있으니 망설이지 말고 마주하십시오.

당신이 뿌린 씨앗은 지금도 어딘가에서 자라고 있으며 언젠가는 꽃이 되어 반갑게 반길 것입니다.

당신에게 던지는 질문

혹시 두려움 때문에 눈을 감고 지나쳐버린 진실이 있지는 않나요?

쇼펜하우어가 건네는 고독의 메모

자각의 깊이

모든 인간은 자신이 얼마나 어리석은지를
깨달을 수 있는 만큼만 현명하다.

당신에게 전하는 인생

진짜 지혜는 자신을 똑똑하다고 여기는 데서 시작되지 않습니다. 오히려 스스로의 어리석음을 눈치채는 순간, 비로소 사유는 깊어집니다. 모른다는 자각이 없는 지식은 공허하고, 어리석음을 인정하지 않는 이의 판단은 위험합니다.

자신의 무지를 알아차릴 수 있는 사람은 두려움 없이 자신을 돌아봅니다. 그는 실수와 편견을 숨기지 않고, 자신의 생각조차 의심할 줄 압니다. 그에게 현명함이란 축적된 지식이 아니라, 겸손한 인식의 태도입니다. 반대로 스스로를 똑똑하다고 믿는 사람은 질문을 멈추고, 변화하지 않으며, 타인의 말에 귀를 닫습니다.

어리석음을 자각하는 일은 고통스럽습니다. 그것은 자존

심의 껍질을 벗기고, 붙들어왔던 확신을 해체하며, 익숙한 나 자신을 부정하게 만듭니다. 그러나 바로 그 고통을 견딜 수 있을 때, 우리는 어제의 나보다 조금 더 깊은 사람이 됩니다. 현명함은 지식의 크기가 아니라, 자기 한계를 꿰뚫어 보는 능력에서 옵니다.

결국 인간은 자기가 감당할 수 있는 만큼만 진실을 받아들입니다. 그리고 그 진실 앞에서 어리석음을 인정할 수 있을 때, 그는 말없이 현명해집니다.

당신에게 던지는 질문

당신은 지금, 자기 어리석음을 인정할 수 있는 사람인가요?

윤동주가 남긴 별빛의 조각

물건의 행방

> 잃어버렸습니다
> 무얼 어디다 잃었는지 몰라
> 두 손이 주머니를 더듬어

당신에게 전하는 인생

아무리 찾아도 보이지 않습니다. 어쩌면 처음부터 손에 쥔 적이 없던 것인지도 모르겠습니다. 하지만 이상하지요. 없어진 것이 무엇인지조차 모르는데 왠지 허전하고 허탈한 기분이 듭니다. 어쩌면 우리는 잃어버린 것이 아니라 시간이 지나면서 스스로 내려놓았던 것일지도 모릅니다. 너무 꽉 쥐고 있느라 손아귀가 아파서 혹은 그것을 움켜쥔 채로는 더 멀리 갈 수 없을 것 같아서 스스로 놓아버린 것일 수도 있습니다.

그러니 애타게 찾기만 하기보다는 잃어버린 것이 정말로 내게 필요한 것이었는지를 먼저 생각해보십시오. 정말 소중한 것은 쉽게 사라지지 않습니다. 만약 그것이 손에서 빠져나

갔다면 그 이유가 반드시 있을 것입니다.

잃었다고 생각한 순간, 어쩌면 새로운 자리가 생기고 있을지도 모릅니다. 빈손이 되어야만 비로소 붙잡을 수 있는 것들이 있습니다. 시간이 지나면, 내려놓았던 것과 새로 찾아온 것 사이에 조용한 균형이 생겨납니다. 그렇게 우리는 조금씩 비워지고 조금씩 채워지며 더 넓은 사람이 되어 갑니다.

당신에게 던지는 질문

당신은 지금까지 무엇을 잃어버렸다고 생각하나요?

쇼펜하우어가 건네는 고독의 메모

진실의 무게, 환상의 위안

사람들은 진리를 원하지 않는다.
그들은 자신에게 편리한 환상을 원한다.

당신에게 전하는 인생

진리는 종종 차갑고, 무겁고, 불친절합니다. 그것은 우리가 보고 싶어 하는 세계가 아니라, 있는 그대로의 세계를 보여줍니다. 진실은 우리를 안심시키지 않습니다. 오히려 흔들고, 불편하게 하고, 때로는 낙관의 껍질을 벗겨냅니다.

그래서 사람들은 진리를 외면합니다. 대신 더 듣기 좋은 말, 더 보기 좋은 이야기, 자신에게 유리한 그림자를 택합니다. 진실이 아니라 환상을, 현실이 아니라 위안을. 왜냐하면 그것이 덜 아프고, 덜 고통스럽고, 덜 불안하기 때문입니다.

환상은 애써 만든 보호막입니다. 그 안에서는 실패도, 상처도, 한계도 흐릿해집니다. 그러나 그 위안은 오래가지 못합니다. 환상은 언제나 현실에 의해 침식당하고, 결국 진실은 다시 얼굴을 드러내지요. 진실은 밀쳐낸다고 사라지지 않고, 외면한다고 작아지지 않습니다.

진리를 감당한다는 것은 단순한 앎이 아니라, 그 앎을 견딜 수 있는 용기를 갖는 일입니다. 편리한 환상이 아닌 불편한 진실을 선택할 수 있을 때, 우리는 비로소 세계와 정직하게 마주할 수 있습니다.

당신에게 던지는 질문

당신이 믿고 있는 그것, 진실인가요 아니면 위로인가요?

윤동주가 남긴 별빛의 조각

작지만 위대한 힘

돌과 돌과 돌이 끝없이 연달아
길은 돌담을 끼고 갑니다

당신에게 전하는 인생

처음에는 흩어진 작은 돌들이었을 것입니다. 크기도 다르고 모양도 제각각이었겠지요. 하지만 하나둘 쌓이고 기대고 맞물리면서 단단한 돌담이 되었습니다.

우리 삶도 그렇지 않을까요. 흩어진 조각 같았던 날들이 모여 하나의 이야기가 되고 수많은 순간들이 쌓여 지금의 당신을 만들었습니다. 때로는 거친 돌처럼 모나고 어울리지 않을 것 같은 순간도 있었을 테지만 그조차도 결국 하나의 담이 되기 위해 필요한 부분이었습니다. 그러니 지금 걷고 있는 길이 아무리 울퉁불퉁해도 괜찮습니다. 돌 하나로는 담을 만들 수 없듯이 삶도 하루 만에 완성되지 않습니다. 당신이 쌓아 올리는 순간들이 결국 당신만의 단단한 길을 만들 것입니다.

담은 바람을 막기도 하지만 동시에 그 틈 사이로 바람을 지나가게도 합니다. 삶의 벽 역시 우리를 지켜주면서도 또 다른 길로 이어지게 만듭니다. 각기 다른 돌들이 모여야 담이 되듯 서로 다른 날들이 모여야 인생이 됩니다. 그리고 그 담 위에 세월이 쌓이면 언젠가 꽃이 피고 이끼가 내려앉아 더욱 아름다워집니다. 당신의 삶도 지금 이 순간 차곡차곡 쌓여 언젠가 하나의 풍경이 될 것입니다.

당신에게 던지는 질문

처음에는 불필요해 보였지만 결국 중요한 역할을 한 순간이 있었나요?

쇼펜하우어가 건네는 고독의 메모

소유의 역설

소유가 많을수록 불안은 커진다.
우리는 가진 것의 무게에 눌린다.

당신에게 전하는 인생

소유는 안정을 줄 것처럼 다가오지만, 실제로는 더 많은 걱정과 두려움을 품고 있습니다. 무언가를 갖는 순간, 우리는 그것을 잃을 가능성과 함께 살아갑니다. 갖기 전의 결핍보다, 잃을지도 모른다는 불안이 더 깊고 오래 남지요.

많이 가질수록 마음은 가벼워지지 않습니다. 오히려 소유는 우리를 붙잡아 두고, 지키게 만들며, 끊임없이 비교하게 합니다. 그것이 물질이든 관계든, 이름이든 지위든—우리는 더 많이 쥐는 만큼 더 쉽게 무게에 짓눌립니다.

가진다는 것은 곧 책임지는 것입니다. 그것을 보호해야 하고 유지해야 하며, 타인의 시선 속에서 평가받아야 합니다. 결국 소유는 우리를 자유롭게 만들기보다, 더 많은 사슬을 허리에 감아놓는 일이 됩니다.

무소유는 아무것도 가지지 않는 상태가 아니라, 소유에 얽매이지 않는 태도입니다. 덜 가질수록 우리는 가벼워지고, 덜 붙잡을수록 자유로워집니다. 진정한 평온은 손에 든 것이 아니라, 놓을 수 있는 용기 속에 있습니다.

당신에게 던지는 질문

당신은 지금, 갖고 있는 것들로 자유롭나요, 아니면 눌리고 있나요?

윤동주가 남긴 별빛의 조각

아직도 꺼내지 못한 삶

> 가슴속에 하나 둘 새겨지는 별을
> 이제 다 못 헤는 것은
> 쉬이 아침이 오는 까닭이요
> 내일 밤이 남은 까닭이요

당신에게 전하는 인생

가슴속에 별이 하나둘 박힙니다. 처음엔 반짝이는 게 신기해서 셌습니다. 하나 둘 셋… 그런데 어느 순간 너무 많아져서 포기했습니다. 어쩌면 별이 많아진 게 아니라 내가 밤을 다 살지 못해서 그런 걸지도 모릅니다. 아침이 성급하게 달려와 별을 덮어버리니까요. 혹은 아직 살아볼 밤이 남아 있으니까 서둘러 세지 않아도 되는 걸지도요. 하지만 가만 생각해보면 별을 다 세는 게 중요한 걸까요? 별은 원래 셀 수 없는 존재니까요.

모든 순간을 기억하려 애쓰기보다 그 순간들이 나를 비춘다는 사실만으로 충분합니다. 아직 세지 못한 별이 있다는 건

아직 살날이 남아 있다는 뜻입니다. 더 많은 꿈을 꿀 수 있고, 더 많은 기적을 맞이할 수 있고, 더 많은 사랑을 할 수 있다는 뜻입니다.

당신에게 던지는 질문

당신의 가슴속에서 가장 환하게 빛나는 별은 어떤 기억인가요?

쇼펜하우어가 건네는 고독의 메모

언어의 이중성

> 언어는 사고를 밝히는 도구이지만
> 동시에 그것을 가리는 베일이기도 하다.

당신에게 전하는 인생

말은 생각을 드러내는 수단입니다. 우리는 말로 감정을 표현하고, 생각을 전달하며, 존재를 확인합니다. 언어는 내부를 외부로 옮기는 다리이며, 그 다리를 통해 타인과 자신에게 닿습니다. 그러나 그 언어가 진실을 전부 옮길 수 있는가라는 물음 앞에선, 침묵이 더 정직할 때도 있습니다.

언어는 분명 사고를 조명합니다. 하지만 그 빛은 언제나 방향을 가집니다. 우리가 쓰는 단어는 우리의 시선과 판단을 반영하며, 때로는 말로 표현되는 순간 생각은 단순화되고 오해되며 왜곡되기도 합니다. 언어는 생각을 담는 그릇이지만, 동시에 그릇이기 때문에 형태를 바꿉니다.

생각은 언어보다 미묘하고, 복합적이며, 끝이 없습니다. 말은 그 흐름을 멈춰 세우고 구조화합니다. 그래서 어떤 진실은 말해지는 순간 이미 반쯤 사라지고, 어떤 침묵은 오히려 더 많은 의미를 품지요. 언어는 사고의 친구이지만, 그것을 완전히 드러내는 데는 늘 실패하는 동반자이기도 합니다.

우리는 말로 소통하지만, 말이 아닌 것을 통해 진짜를 느낄 때가 있습니다. 그 간극을 인식할 때 우리는 언어에 취하지 않고, 말의 한계 속에서 더 깊은 사유의 가능성을 찾게 됩니다.

당신에게 던지는 질문

지금 당신이 쓰는 말은 생각을 드러내고 있나요, 아니면 감추고 있나요?

윤동주가 남긴 별빛의 조각

늘 그리운 그 이름

별 하나에 어머니, 어머니
어머님 그리고
당신은 멀리 북간도에 계십니다

당신에게 전하는 인생

별 하나를 보면 어머니가 떠오릅니다. 아니 어머니를 떠올릴 때마다 별이 하나씩 가슴에 박히는 것인지도 모릅니다. 부를 때마다 겹겹이 쌓여가는 이름, 어머니 어머니 그리고 또 어머니. 하지만 아무리 불러도 손에 잡히지 않는 존재.

너무 가까워서 소중함을 미처 몰랐던 사람이 어느 날 문득 너무 먼 곳에 있다는 사실을 깨닫게 됩니다. 어쩌면 시간의 강을 건너 가장 깊은 곳에서 우리를 지켜보고 계실지도 모릅니다. 우리는 어머니에게서 멀어지는 것 같지만 어머니는 우리 안에서 점점 더 깊어집니다. 바람이 불면 그 목소리가 들리는 듯하고, 별이 뜨면 그 눈빛이 반짝이는 것 같고, 어떤 향기를 맡으면 그 품이 떠오릅니다. 세월이 흐를수록 어머니는 점점 더 선명한 그리움이 됩니다.

그리움은 결코 사라지지 않고 우리 마음속에서 천천히 빛을 냅니다. 눈부신 햇살, 잔잔한 바람, 잊고 있던 웃음 속에서도 우리는 그 존재를 느낍니다. 멀리 있어도, 때로는 보이지 않아도, 어머니는 늘 우리 안에서 살아 계십니다.

당신에게 던지는 질문

당신이 누군가에게 '그리운 사람'이 된다면 어떤 모습으로 기억되고 싶나요?

쇼펜하우어가 건네는 고독의 메모

자유에 대한 질투

타인을 미워하는 것은
그가 가진 자유가 나에게 결여되어 있음을
인정하는 것이다.

당신에게 전하는 인생

　미움은 감정인 척하지만, 실은 고백입니다. 누군가를 향한 강한 적의는, 그 사람이 가진 어떤 것이 나에게 없다는 사실을 들키는 순간에서 시작됩니다. 그중에서도 가장 깊고 흔히 감추어진 결핍은 자유입니다. 자유롭게 말하고, 떠나고, 선택하는 타인의 모습 앞에서 우리는 문득 자기 안의 묶인 무언가를 인식하게 됩니다.
　자유로운 자는 타인을 미워하지 않습니다. 그는 스스로의 선택 안에서 살아가며, 타인의 자유 또한 위협으로 느끼지 않습니다. 반면 자기 안의 부자유를 직시하지 못한 사람은, 타인의 해방을 모욕으로 오해합니다. 누군가는 떠날 수 있고 나는 떠날 수 없을 때, 누군가는 말할 수 있고 나는 침묵할 수밖에 없을 때—미움은 슬며시 자라납니다.

결국 타인을 향한 미움은 외부를 향한 것이 아니라, 스스로에게 주지 못한 자유에 대한 자책이 뒤틀려 드러난 감정입니다. 타인을 통제하고 싶어지는 마음도, 결국은 내 안의 결핍을 외부에 투사한 결과입니다. 미움은 외침이 아니라, 감춰진 고백입니다.

진정한 자유는 타인의 자유를 두려워하지 않는 데서 시작됩니다. 그리고 그 자유는 외적 조건이 아니라, 스스로의 내면을 바라보고 해방시킬 수 있는 용기에서 비롯됩니다.

당신에게 던지는 질문

당신이 미워하는 사람, 혹시 당신이 되고 싶었던 모습은 아닌가요?

윤동주가 남긴 별빛의 조각

전하지 못한 이름

나는 무엇인지 그리워
이 많은 별빛이 내린 언덕 위에
내 이름자를 써보고
흙으로 덮어버리었습니다

당신에게 전하는 인생

분명 평생 불러온 이름인데도 가만히 바라보니 낯설어집니다. 저 글자가 과연 나를 제대로 담고 있는가 스스로에게 묻습니다. 대답을 찾지 못해 조용히 흙을 덮습니다. 그러나 이름은 덮는다고 사라지는 것이 아닙니다. 오히려 흙 속에서 스며들어 더 단단해지고 더 깊어집니다. 이름은 그저 부르는 것이 아니라 살아가는 것입니다. 말과 행동과 선택이 차곡차곡 쌓여 이름이 됩니다.

혹시 자신의 이름을 부끄러워하는 순간이 오더라도 걱정하지 마십시오. 이름은 아직 완성되지 않았습니다. 기회는 있습니다. 언젠가 다시 그 이름을 적을 때 이제는 덮어버릴 필요가 없을 만큼 당당해지기를 바랍니다. 자신의 이름을 부를 때마다 그 이름이 자랑스러울 수 있도록 살아가길 바랍니다.

이름은 우리를 정의하는 것이 아니라 우리가 만들어가는 여정입니다. 때로는 흔들리고, 때로는 잊혀지기도 하지만 그 모든 순간이 이름의 일부가 됩니다. 중요한 것은 완벽함이 아니라 끊임없이 자신에게 진실된 삶을 이어가는 것입니다.

당신에게 던지는 질문

당신의 이름이 누군가의 기억 속에 남는다면 어떤 의미로 남고 싶으신가요?

쇼펜하우어가 건네는 고독의 메모

시간의 흔적

시간은 고통을 씻기보다는
그것을 흐릿하게 할 뿐이다.

당신에게 전하는 인생

사람들은 시간에게 기대를 겁니다. 아프고 괴로운 순간이 지나가고 나면, 언젠가는 아무 일도 없었던 것처럼 평온해질 거라고 믿습니다. 그러나 시간이 해주는 일은 치유가 아니라 덮음입니다. 고통은 사라지지 않고, 다만 기억의 저편으로 밀려날 뿐입니다.

처음엔 선명했던 상처가 시간이 흐르며 희미해지는 이유는, 우리가 그것을 온전히 이해했기 때문이 아닙니다. 살아가야 했기에, 어쩔 수 없이 등을 돌렸기 때문입니다. 고통은 완전히 사라지지 않습니다. 다만 그 위에 다른 경험들이 덧칠되며, 기억 속 자리에서 조금씩 밀려날 뿐입니다. 그러나 특정한 냄새, 어떤 날의 빛, 한 문장 같은 것들이 그것을 다시 불러내면, 고통은 언제든 원래의 날카로움으로 되돌아옵니다.

시간은 지운다기보다는 덧입힙니다. 우리는 고통을 잊는 것이 아니라, 잊은 척하며 살아가는 법을 배울 뿐이지요. 진정한 치유는 시간의 흐름에서가 아니라, 고통을 인정하고 받아들이는 데서 시작됩니다. 그리고 그 받아들임이야말로, 시간이 하지 못한 일을 가능케 합니다.

당신에게 던지는 질문

당신의 고통은 정말 사라졌나요, 아니면 잘 숨겨져 있나요?

윤동주가 남긴 별빛의 조각

오늘을 살아가는 오늘

새날을 찾던 나는
잠을 자고 돌보니
그때는 내일이 아니라
오늘이더라

당신에게 전하는 인생

우리는 새날을 찾아 헤맵니다. 내일이면 무언가 달라질 거라고 믿었고, 내일이면 더 나은 사람이 되어 있을 거라 기대합니다. 하지만 잠을 자고 눈을 떠보니 '내일'이라 부르던 날은 다시 오늘이 되어 있었습니다. 내일은 한 번도 찾아오지 않습니다. 언제나 눈앞에 있는 것은 오늘뿐. 우리는 깨닫습니다. 변화는 저 멀리 있는 시간이 가져오는 것이 아니라, 바로 지금 이 순간 자신이 만들어가는 것임을. 내일을 기다리는 동안 오늘이 흘러가고 미래를 바라보는 동안 현실이 사라져버린다면 결국 남는 것은 아무것도 없을 것을.

막연한 내일을 꿈꾸느라 소중한 오늘을 흘려보내지 마십

시오. 원하는 삶이 있다면 그것을 이루는 첫 번째 순간은 바로 지금입니다.

변화는 거창한 결심이 아니라 오늘의 사소한 선택에서 시작됩니다. 지금의 당신이 곧 내일의 당신을 만들고 있습니다. 내일을 기다리지 마십시오. 당신이 서 있는 바로 이 자리가 이미 출발선입니다.

당신에게 던지는 질문

내일로 미루고 있는 일 중에서 사실은 지금 당장 시작해야 할 일이 있지 않나요?

쇼펜하우어가 건네는 고독의 메모

내면이라는 풍경

사람은 늘 불행의 이유를 바깥에서 찾지만
실은 내면에 있다.

당신에게 전하는 인생

불행은 종종 외부의 이름을 달고 찾아옵니다. 환경, 관계, 돈, 날씨, 시대—우리는 늘 무언가 자신 밖의 요인을 탓합니다. 그것들이 나를 무너뜨리고, 좌절하게 만들며, 삶을 어렵게 한다고 믿지요. 하지만 이 믿음은 한 가지를 외면합니다. 왜 어떤 사람은 같은 조건에서도 무너지지 않는가 하는 것이지요.

진실은 단순합니다. 불행은 외부에서 시작되지만, 그 실체는 내면에서 완성됩니다. 우리가 가진 기대, 두려움, 자격지심, 상처, 비교, 집착… 이 모든 것이 외부의 자극을 불행으로 바꾸는 내면의 장치입니다. 삶의 상황은 흘러갈 뿐이지만, 그 상황을 해석하고 반응하는 마음은 우리 안에 있는 해석자입니다.

아무리 완벽한 환경이라도 마음이 뒤틀려 있다면, 그 안에서도 충분히 불행할 수 있습니다. 반대로 외부의 결핍 속에서도 마음이 고요하다면, 고통 속에서조차 평온을 맛볼 수 있습니다. 결국 불행은 외부에서 오는 것이 아니라, 자신의 내면이 그것을 불행이라 부를 때 태어납니다.

삶은 바뀌지 않더라도, 내면은 바꿀 수 있습니다. 그리고 그것이야말로 인간이 가진 가장 은밀하고도 확실한 자유입니다.

당신에게 던지는 질문

지금의 불행, 정말 외부의 탓이라고 믿고 있나요?

윤동주가 남긴 별빛의 조각

높아만 가는 모래성

나는 말없이 이 탑을 쌓고 있다
명예와 허영의 천공에다
무너질 줄도 모르고
한 층 두 층 높이 쌓는다

당신에게 전하는 인생

더 높이 더 화려하게 탑이 올라갑니다. 하지만 무엇을 위해 쌓는지 깊이 생각해본 적은 없습니다. 아니 전혀 모릅니다. 그 탑의 기초가 허공 위에 떠 있다는 것을. 언젠가 바람이 불고 시간이 흐르면 모래성처럼 스러질 수도 있다는 것을.

우리는 때때로 끝없이 쌓아 올리는 것만이 중요하다고 믿습니다. 더 높은 자리, 더 많은 성취, 더 화려한 모습. 하지만 진짜 중요한 것은 얼마나 높이 올렸느냐가 아니라 무엇으로 쌓았느냐입니다. 바람이 불어도 무너지지 않을 탑은 겉이 화려한 탑이 아니라 단단한 가치를 바탕으로 세운 탑입니다. 당신이 쌓고 있는 것은 진짜 당신을 위한 것인가요, 아니면 남들에게 보이기 위한 것인가요.

겉만 반짝이는 성취는 바람 앞의 촛불처럼 흔들리지만, 진정한 가치를 쌓은 마음의 탑은 어떤 폭풍에도 흔들리지 않습니다. 작은 성실함, 진심 어린 선택, 변치 않는 믿음이 바로 그 단단한 벽돌입니다. 그러니 남의 시선보다 자신의 기준을 먼저 바라보세요. 진짜 당신을 위한 탑이라면 세월이 흘러도 그 빛은 사라지지 않을 것입니다.

당신에게 던지는 질문

당신의 삶에서 가장 단단한 기초가 되는 것은 무엇인가요?

쇼펜하우어가 건네는 고독의 메모

갈증의 연쇄

욕망은 만족으로 끝나지 않는다.
오히려 새로운 갈증을 낳는다.

당신에게 전하는 인생

처음에는 단순했습니다. 하나만 있으면 충분할 것 같았고, 이루면 평온할 줄 알았습니다. 그러나 욕망은 만족을 허락하지 않습니다. 원함은 채워지는 순간, 새로운 결핍으로 바뀌고, 마음은 그 결핍을 다시 갈망합니다. 마치 불이 땔감을 집어삼키듯, 인간의 욕망은 만족을 태우며 점점 더 자라납니다.

욕망은 멈추지 않습니다. 오히려 그것을 충족시키려는 시도가 욕망 자체를 더 정교하고 끈질기게 만듭니다. 그래서 무언가를 얻을수록 공허해지고, 이룰수록 더 허기집니다. 이 악순환의 정체는 간단합니다. 욕망은 충족을 목적으로 삼지 않거든요. 계속되는 추구 자체가 욕망의 본질이기 때문이지요.

욕망은 삶을 움직이는 힘이지만, 그 힘은 결코 휴식을 허락하지 않습니다. 더 많이, 더 높이, 더 멀리—그러나 어디에도 도착은 없습니다. 그래서 삶은 갈증의 연속이고, 그 갈증 속에서 우리는 스스로를 소비합니다.

멈추는 것이 진짜 결핍이 아니라, 멈출 수 없음이야말로 가장 깊은 결핍일지 모릅니다.

당신에게 던지는 질문

당신은 지금 원하는 것을 좇고 있나요, 아니면 욕망 그 자체를 따라가고 있나요?

윤동주가 남긴 별빛의 조각

함께 웃을 때 빛나는 별

데굴데굴 굴리며 놀다
짝 잃은 조개껍데기
한 짝을 그리워하네

당신에게 전하는 인생

조개는 처음엔 바닷속에서 단단히 맞물려 있습니다. 함께 였을 땐 서로의 존재를 의식하지 않습니다. 당연한 것이었으니까요. 하지만 파도가 밀려와 둘을 갈라놓았고 이제 한 짝은 어디론가 사라졌습니다. 남은 껍데기는 그제야 알게 됩니다. 혼자서는 온전한 소리가 나지 않는다는 것을. 바람에 휩쓸리고 모래 위를 떠돌면서 잃어버린 짝을 찾습니다. 하지만 어쩌면 그 짝은 영영 돌아오지 않을지도 모릅니다.

우리는 무엇을 해야 할까요. 그리움에만 머물러 있을 것인가요 아니면 홀로 굴러가는 법을 배울 것인가요. 언젠가 우리는 누군가를 잃고 무언가를 놓치게 됩니다. 하지만 그 빈자리가 우리를 부서뜨릴 필요는 없습니다. 때로는 혼자가 되어도 스스로 빛나는 법을 배워야 합니다.

홀로 남은 시간 속에서 우리는 자신만의 소리를 찾습니다. 빈자리는 공허함이 아니라 성장의 공간이 될 수 있습니다. 바람에 흔들리고 모래 위를 굴러도 그 과정에서 우리는 단단해집니다. 잃어버린 것에 머물지 않고 스스로 빛나는 법을 배운 사람에게 새로운 만남도 찾아옵니다. 그리움은 여전히 남아있지만 그것이 삶을 막는 벽이 되지는 않습니다.

당신에게 던지는 질문

함께일 때는 몰랐지만 잃고 나서야 깨달은 소중한 존재가 있나요?

쇼펜하우어가 건네는 고독의 메모

필연의 감옥

인간은 인과율의 그물 안에 갇힌 존재다.
그는 이유 없이 아무것도 하지 않는다.

당신에게 전하는 인생

모든 인간의 행동은 겉으로는 자유롭게 보이지만, 깊이 들여다보면 어떤 원인에 의해 밀려 나온 결과일 뿐입니다. 말한마디, 침묵 한 번, 눈길의 방향조차 그 이면엔 이유가 있습니다. 과거의 기억, 욕망, 습관, 상처, 사회적 압력—우리의 '의지'는 이러한 원인들의 교차로에서 작동하는 조건적 반응에 가깝습니다.

우리는 자유롭다고 믿습니다. 그러나 그 자유는 실은 무수한 인과의 끈에 매달려 있는 허상일 수 있습니다. 생각은 어디서 시작되었는가? 선택은 누가 먼저 끌어낸 것인가? 행동의 방향은 정말 내 안에서 비롯된 것인가? 우리는 항상 이유가 있어야만 움직이고, 원인이 있어야만 선택합니다. 자유의 이름으로 내디딘 발걸음조차 사실은 필연의 사슬 위에서 걷고 있는 셈입니다.

이 인과율의 세계 안에서, 인간은 스스로를 결정하지 못하는 존재입니다. 그가 고통받는 이유조차, 그 고통을 피하려는 몸짓조차 모두 정해진 흐름 속에 있습니다. 그럼에도 불구하고 우리는 계속해서 이유를 찾고, 그 이유 속에서 의미를 구하려 합니다. 그것이 인간이 가진 유일한 저항일지도 모릅니다.

당신에게 던지는 질문

당신의 선택은 진정한 자유인가요, 아니면 정해진 반응일 뿐인가요?

윤동주가 남긴 별빛의 조각

눈 감으면 생각나는 곳

남쪽 하늘 저 밑엔
따뜻한 내 고향
내 어머니 계신 곳
그리운 고향집

당신에게 전하는 인생

저 너머 어딘가에 따뜻한 바람이 불고 익숙한 냄새가 스며 있는 곳이 있습니다. 그곳에는 늘 기다리는 사람이 있고 낡았지만 포근한 집이 있습니다. 고향은 그런 곳입니다. 떠날 때는 몰랐지만 멀어질수록 선명해지는 곳. 한없이 넓은 세상을 떠돌다가도 문득 그곳을 떠올리면 마음 한구석이 따뜻해집니다.

고향은 단순히 우리가 태어난 곳만을 의미하지 않습니다. 삶이 힘들 때 돌아가 안길 수 있는 곳. 언제라도 내 존재를 있는 그대로 받아줄 곳. 그것이 고향입니다. 어떤 이에게는 오래된 마을일 수도 있고 어떤 이에게는 소중한 사람의 품일 수도 있습니다. 너무 먼 곳만 바라보지 마십시오. 당신이 진정 돌아가고 싶은 곳은 어쩌면 아주 가까이에 있을지도 모릅니다.

그곳은 시간이 멈춘 공간이 아니라 언제나 당신을 품어주는 쉼터입니다. 길을 잃고 흔들릴 때 마음속 고향을 떠올리는 것만으로도 힘을 얻습니다. 고향은 먼 곳이 아니라 마음이 안식하는 순간마다 스며드는 온기입니다. 그 온기는 당신을 지켜주고 다시 세상으로 나아갈 용기를 줍니다.

당신에게 던지는 질문

가장 그리운 '돌아가고 싶은 순간'이 있다면 언제인가요?

쇼펜하우어가 건네는 고독의 메모

존재와 부재의 경계

우리는 죽음을 두려워하지 않는다.
오히려 존재하지 않음을 상상하지 못할 뿐이다.

당신에게 전하는 인생

죽음 앞에서 우리는 흔히 두려움을 느낍니다. 하지만 그 두려움의 본질은 '죽음' 그 자체가 아닙니다. 진짜 어려운 것은, '존재하지 않는 상태'를 상상하는 일입니다. 우리 마음은 존재를 전제로 움직이고, 존재를 중심에 둡니다. '나'가 없어진다는 상상은 언어로도, 이미지로도, 감각으로도 쉽게 잡아낼 수 없는 미지의 영역입니다.

존재하지 않음은 무無입니다. 무는 그 어떤 개념보다도 낯설고, 이해 불가능하며, 경험할 수 없는 영역입니다. 그래서 우리는 죽음을 두려워한다기보다, 존재의 부재가 어떤 것인지 감히 떠올리지 못하는 것에 갇혀 있습니다. 존재가 사라진 후의 세계는 우리가 머무는 현실의 경계 바깥입니다.

이 상상력의 한계 속에서, 죽음은 끝없는 미궁이 되고, 우리는 그 미궁을 두려움으로 채웁니다. 하지만 그 두려움을 넘어설 때, 우리는 존재의 소중함을 더욱 깊이 깨닫고, 현재의 삶을 진정으로 마주할 수 있습니다.

당신에게 던지는 질문

당신은 존재하지 않는 상태를 마음속으로 그려볼 수 있나요?

윤동주가 남긴 별빛의 조각

여전히 안겨 쉴 곳

"꺽, 꺽, 꺽 오냐, 좀 기다려"
엄마닭 소리.
좀 있다가 병아리들은
엄마 품으로 다 들어갔지요.

당신에게 전하는 인생

작은 다락방 하나 그리고 엄마의 품. 둘은 닮았습니다. 세상이 아무리 시끄러워도 그 안에서는 조용히 숨을 돌릴 수 있습니다. 마음이 지칠 때 가만히 몸을 기대면 온기가 스며듭니다. 다락방은 나만의 작은 세상이고 엄마의 품은 가장 처음 알았던 안식처입니다. 어린 시절, 우리는 엄마의 품속에서 세상을 배웠고 조금 더 자라서는 다락방 같은 곳에서 스스로를 찾아갑니다.

시간이 지나고 몸이 커져도, 삶이 바빠져도, 마음 한구석에는 언제나 그 온기가 남아 있습니다. 우리가 아무리 성장해도 여전히 안겨 쉴 곳이 필요합니다. 언제든 숨을 고를 수 있도록, 세상이 너무 빠르게 흘러갈 때 잠시 멈출 수 있도록. 당신에게도 그런 다락방이 있기를 바랍니다.

그 안에서 우리는 숨을 고르고 스스로를 돌아보며 다시 세상으로 나아갈 힘을 얻습니다. 어린 시절의 기억이 아니어도 좋습니다. 지금 당신이 만든 작은 공간이 바로 그 다락방이 될 수 있습니다. 그 안에서 웃고 울며 조금 느리게 가도 괜찮다는 것을 느껴보세요.

당신에게 던지는 질문

당신은 누군가에게 따뜻한 품이나 아늑한 다락방 같은 존재가 되어주고 있나요?

쇼펜하우어가 건네는 고독의 메모

말이라는 칼

> 타인에게 던진 말은
> 곧 우리를 향한 칼이 되어 돌아온다.

당신에게 전하는 인생

 말은 공중에 흩날리는 바람이 아니라, 마음을 겨누는 도구입니다. 어떤 말은 위로가 되지만, 어떤 말은 상처가 되어 깊숙이 파고듭니다. 타인을 향해 던진 말은 그 순간 멀어지는 듯하지만 결국은 되돌아오는 궤도를 가진 칼입니다. 누군가를 비웃을 때, 조롱할 때, 함부로 평가할 때—그 말들은 언젠가 우리의 이마를 겨누는 날이 됩니다.

 인간은 타인의 말에 의해 상처받지만, 동시에 스스로가 뱉은 말에 의해 무너지기도 합니다. 무심코 던진 말은 관계를 깎고, 신뢰를 허물며, 나 자신이 어떤 사람인지 비추는 거울로 작용합니다. 말은 타인에게만 향하지 않습니다. 결국은 그 말을 한 나에게 가장 깊은 흔적을 남깁니다.

그래서 말에는 윤리가 필요합니다. 말은 정직함을 품되, 잔인하지 않아야 하고, 진실을 담되, 자만하지 않아야 합니다. 우리가 세상에 던지는 말은, 결국 우리의 세계를 구성하는 가장 은밀한 재료이기 때문입니다.

당신에게 던지는 질문

당신은 지금, 어떤 말을 세상에 보내고 있나요?

윤동주가 남긴 별빛의 조각

돌아가고 싶은 시절

> 밧줄에 걸어논
> 요에다 그린 지도는
> 간밤에 내 동생
> 오줌 싸서 그린 지도

당신에게 전하는 인생

선 하나, 얼룩 하나마다 어린 날의 흔적이 묻어 있습니다. 그것은 단순한 실수가 아니라 한밤중의 모험이었고 작은 비밀이었고 아무 걱정 없이 잠들던 나날의 일부였습니다. 우리는 모두 그런 지도를 품고 살아갑니다. 장난기 가득한 하루, 눈물로 번진 오후, 별빛 아래 깔깔대던 밤. 어릴 적에는 그 순간들이 별것 아닌 듯 지나갔지만 어른이 되고 나면 그것들이 가장 빛나는 보물이 됩니다.

시간이 흐를수록 추억은 흐릿해지는 것이 아니라 오히려 더 선명해집니다. 그것이 추억의 힘입니다. 다정한 한 장면, 소중한 한마디가 시간이 지나도 우리를 지탱해 줍니다. 당신에게도 그런 따뜻한 기억이 있나요? 부디 잊지 마세요. 인생은 결국 우리가 품은 기억들로 채워지는 아름다운 동화입니다.

   그 기억들은 시간이 흘러도 사라지지 않고 우리 안에서 조용히 빛납니다. 때로는 삶이 바쁘고 고단해도, 그 조각들을 떠올리는 순간 마음이 풀어집니다. 그러니 소중한 기억들을 마음속 서랍에 잘 간직하세요. 그 안에서 우리는 언제든 다시 어린 시절의 빛나는 하루로 돌아갈 수 있습니다.

당신에게 던지는 질문

당신의 어린 시절에서 가장 그리운 순간은 언제인가요?

쇼펜하우어가 건네는 고독의 메모

진실을 마주하는 용기

정직한 사람은 자신에게도 냉정하며
거짓된 사람은 늘 핑계를 찾는다.

당신에게 전하는 인생

정직이란 타인 앞에서 말과 행동을 일치시키는 것만이 아닙니다. 가장 본질적인 정직은 자기 자신과의 관계에서 드러납니다. 무엇을 원했고, 왜 실패했고, 지금 어디에 있는지를 가감 없이 응시할 수 있을 때, 비로소 진실에 가까워집니다.

자기 자신에게 냉정하다는 것은 잔인하다는 뜻이 아닙니다. 그것은 핑계를 덜어낸 맨얼굴의 시선입니다. "어쩔 수 없었다"는 말, "상황 탓이었다"는 변명은, 우리 안의 거짓이 선택하는 가장 익숙한 방패입니다. 하지만 방패로 자신을 가릴수록, 삶은 점점 흐릿해지고, 성장의 문은 닫힙니다.

거짓은 처음엔 위로처럼 작동하지만, 결국 책임을 미루는 태도의 고착이 됩니다. 반면, 정직은 아프더라도 나를 바꾸는 출발점이 됩니다. 현실을 있는 그대로 보는 순간, 비로소 방향을 바꿀 수 있는 가능성이 생깁니다.

정직함은 도덕이 아니라 용기입니다. 자기기만은 비겁함이 아니라 두려움의 결과입니다. 진실을 직면하는 사람만이 삶을 제대로 살기 시작합니다.

당신에게 던지는 질문

당신은 지금, 누구에게 가장 많은 핑계를 대고 있나요?

윤동주가 남긴 별빛의 조각

기다리는 마음

눈 내리는 저녁에 나무 팔러 간
우리 아빠 오시나 기다리다가
혀끝으로 뚫어논 작은 창구멍
살랑살랑 찬바람 날아듭니다

당신에게 전하는 인생

입김으로 흐려진 창에 손끝으로 작은 구멍을 냅니다. 그 틈으로 세상을 들여다봅니다. 아직 오지 않은 것들, 아직 만나지 못한 날들, 아직 열리지 않은 문들. 기다림이란 멀리 서서 손을 흔드는 것이 아니라 문 앞에 서서 살짝 기웃거리는 설렘일지도 모릅니다. 그 문이 언제 열릴지는 모르지만 우리는 그 앞에서 작은 창을 만들고 세상을 엿보며 상상의 날개를 펴봅니다.

기다림은 정지된 시간이 아니라 다가올 순간을 향한 호기심입니다. 어떤 길이 펼쳐질까, 어떤 얼굴과 마주할까, 어떤 바람이 불어올까. 기다림 속에서 우리는 이미 한 발짝씩 내딛고 있는지도 모릅니다. 중요한 건 조급해하지 않는 것, 기대하는 마음을 잃지 않는 것, 아직 오지 않은 세상이지만 이미 마음으로 맞이하는 것. 그러니 서두르지 마세요. 당신 앞의 문은 언젠가 가장 아름다운 순간에 열릴 테니까요.

당신에게 던지는 질문

아직 오지 않은 미래를 상상할 때 가장 두근거리는 순간은 언제인가요?

쇼펜하우어가 건네는 고독의 메모

단순한 진리

> 사물의 진리는
> 그것을 설명하는 말보다 항상 더 단순하다.

당신에게 전하는 인생

세상은 복잡해 보입니다. 정의하고 해석하고 분석하려는 인간의 언어는, 사물 하나에도 수많은 개념과 틀을 들이댑니다. 그러나 그렇게 정교하게 엮은 말들은, 종종 진리의 가장자리만 맴돌 뿐 그 핵심에 닿지 못합니다.

진리는 본래 단순합니다. 물은 흐르고, 나무는 자라며, 우리는 늙습니다. 그러나 우리는 그 단순한 사실에 수천 개의 말과 수만 가지 이론을 덧붙입니다. 그것은 이해를 돕기 위한 시도이기도 하지만, 때로는 진실로부터 멀어지는 복잡함의 덫이 되기도 합니다.

진리를 말로 옮기는 순간, 그것은 이미 왜곡되기 시작합니다. 말은 필연적으로 선택과 배제를 포함하고, 그 안에 담긴

뉘앙스는 보는 이마다 다르게 해석됩니다. 반면, 진리는 설명을 필요로 하지 않습니다. 그것은 그저 존재하고, 경험되며, 느껴지는 것입니다.

삶의 본질도 마찬가지입니다. 무수한 철학과 종교, 학문이 삶을 설명하려 하지만, 어쩌면 진실은 '지금 여기'에 고요하게 존재하는 단순한 감각 속에 있을지 모릅니다. 말보다 먼저, 개념보다 깊게, 진리는 항상 조용히 제자리에 있습니다.

당신에게 던지는 질문

당신은 지금, 진리를 말로 복잡하게 만들고 있진 않나요?

윤동주가 남긴 별빛의 조각

그 겨울의 안부

불 꺼진 화독을
안고 도는 겨울밤은 깊었다
재만 남은 가슴이
문풍지 소리에 떤다

당신에게 전하는 인생

인생은 마치 손으로 그린 그래프 같습니다. 때로는 높이 치솟고 때로는 깊이 내려앉습니다. 누구나 골짜기를 지나고 누구나 봉우리에 오릅니다. 하지만 골짜기가 있다고 해서 끝이 아닙니다. 산이 깊을수록 그 너머의 하늘은 더 넓고 봉우리는 더 찬란합니다. 지금 당신이 가장 낮은 곳에 서 있다면 그것은 오를 길이 남아 있다는 뜻입니다.

지금 내 인생이 깊은 겨울이라고 해서 두려워하지 마세요. 그래프의 선은 반드시 다시 위를 향할 것입니다. 그리고 그 위에서, 당신은 지금의 순간을 돌아보며 이렇게 말하게 될 것입니다. "그때가 있었기에 내가 여기까지 올 수 있었다."

그래프의 굴곡마다 당신은 새로운 색을 칠해 갑니다. 골짜기의 어둠은 붓질처럼 깊이를 만듭니다. 봉우리는 그 위에 얹힌 빛의 흔적입니다. 높낮이가 뒤섞여야 비로소 풍경이 살아나고, 선 하나하나가 이야기가 됩니다. 겨울 속에 머무는 시간조차 색의 한 톤이 되어 나중에 더 풍성한 그림을 완성합니다. 그러니 지금의 흔들림도 버리지 말고 선 위에 그대로 담아두세요. 그리고 언젠가 그 그래프를 펼쳐보면 당신만의 걸작이 되어 있을 것입니다.

당신에게 던지는 질문

지금 당신의 그래프는 오르고 있나요, 내려가고 있나요 아니면 숨 고르는 중인가요?

쇼펜하우어가 건네는 고독의 메모

진실의 고독

우리는 우리가 믿고 싶은 것만 듣는다.
그래서 진실은 늘 외롭다.

당신에게 전하는 인생

귀는 열려 있어도, 마음은 닫혀 있는 경우가 많습니다. 사람은 듣고 싶지 않은 말은 듣지 않고, 보고 싶지 않은 현실은 외면합니다. 그 결과 진실은 언제나 인기 없는 손님처럼 구석에 남겨지지요.

우리는 자신의 신념을 강화해주는 말에는 귀를 기울이지만, 그것을 흔드는 말 앞에서는 방어적으로 굳습니다. 낯선 진실보다 익숙한 오해가 더 편하고, 뼈아픈 지적보다 달콤한 거짓이 더 위로가 되기 때문이지요.

그러나 그렇게 선택적으로 듣는 습관은 진실로부터 우리를 멀어지게 만듭니다. 진실은 감정과 무관하게 존재하며, 어떤 경우엔 불편하고 아프지만, 결국 마주해야 할 유일한 현실입니다. 외면한다고 사라지지 않고, 회피한다고 무해해지지 않습니다.

진실은 그래서 외롭습니다. 듣고 싶어 하는 이가 적고, 마주할 준비가 된 이도 드물기 때문입니다. 그러나 바로 그 외로운 진실만이 우리를 변화시킬 수 있습니다. 성장도, 치유도, 이해도 모두 불편한 진실로부터 시작됩니다.

당신에게 던지는 질문

지금 당신은, 진실을 피하고 있진 않나요?

윤동주가 남긴 별빛의 조각

따뜻한 바람

흰 빨래들이 귓속 이야기를 하는 오후
쨍쨍한 칠월 햇발은 고요히도
아담한 빨래에만 달린다

당신에게 전하는 인생

 햇살이 쏟아지는 한낮 빨랫줄 위에서 흰 빨래들이 서로 속삭입니다. 지난밤의 꿈 이야기일까요 아니면 흘린 눈물에 대한 위로일까요. 바람은 그 말을 몰래 훔쳐 듣고 햇빛은 조용히 그 위에 내려앉습니다. 따뜻한 온기와 부드러운 바람이 닿을 때마다 빨래는 한결 가벼워지고 말갛게 빛이 납니다.
 우리도 그렇습니다. 삶에 쌓인 먼지를 털어내고 햇빛 아래 펼쳐놓을 때 비로소 맑아지는 순간이 있습니다. 아픔도 슬픔도 시간이라는 바람을 맞으며 조금씩 희미해지고 따뜻한 기억들만 조용히 남습니다. 그러니 너무 작아지지 마세요. 삶이 흔들리고 지쳐도 언젠가 다시 따뜻한 바람이 불어와 당신을 말려줄 것입니다.

햇살과 바람은 삶 속 작고 사소한 순간에도 스며들어 우리를 다독입니다. 우리가 흘린 눈물과 웃음, 지나간 하루의 무게까지 모두 그 속에서 섞입니다. 조용히 건조되는 마음은 어느새 맑아지고 이전보다 한결 가벼워집니다. 때로는 흔들리고 지쳐도 이 바람과 햇살은 늘 돌아옵니다. 삶의 작은 빨랫줄 위에서 당신의 마음도 다시 빛나고 있습니다.

당신에게 던지는 질문

당신이 누군가에게 따뜻한 햇살 같은 사람이 되어준 순간이 있었나요?

쇼펜하우어가 건네는 고독의 메모

진짜 나라는 거울

타인의 인정을 구하는 한
진정한 자아는 결코 드러나지 않는다.

당신에게 전하는 인생

자아란 스스로를 인식하는 눈에서 비롯되지만, 많은 사람들은 남의 눈을 거울삼아 자신을 봅니다. 우리는 타인의 박수 속에서 자신을 증명하려 하고, 누군가의 시선에 부합하는 방식으로 '나'를 조각해냅니다. 그렇게 만들어진 자아는 스스로의 것이 아니라, 요청받은 자아, 즉 타인의 기대를 반영한 그림자일 뿐입니다.

인정받고 싶은 욕망은 자연스럽습니다. 그러나 그 욕망이 깊어질수록, 우리는 점점 자신으로부터 멀어집니다. 내면의 목소리는 점점 작아지고, 외부의 평가가 나를 규정하는 기준이 됩니다. 타인의 시선은 거울이 아니라, 가면을 요구하는 무대 조명이 됩니다.

진정한 자아는 고독 속에서 비로소 드러납니다. 혼자일 때, 아무런 평가도 없을 때 조용히 떠오르는 생각과 감정들 속에 진짜 내가 있습니다. 그 존재는 어쩌면 화려하지 않고, 인정받을 만한 것도 아닐지 모른다. 하지만 오직 그 자아만이 진실한 삶을 가능하게 만듭니다.

남의 인정은 바람처럼 흔들리고, 시선은 한순간에 사라집니다. 그러나 내면에서 길어 올린 자아는, 시간이 지나도 스스로를 배반하지 않습니다. 그 자아는 보이지 않아도 존재하고, 외롭지만 단단합니다.

당신에게 던지는 질문

지금 당신은 누구를 위해 자신을 꾸미고 있나요?

윤동주가 남긴 별빛의 조각

속도의 질량

땅에서 오를 때보다
하늘에 높이 떠서는
비행기가 빠르지 못하다
숨결이 찬 모양이다

당신에게 전하는 인생

비행기는 땅에서 떠오를 때 가장 거세게 날개를 펄럭입니다. 하지만 하늘 높이 올라가면 오히려 속도를 늦추지요. 공기가 희박해지고 숨결이 차가워지기 때문입니다. 우리 인생도 그렇습니다. 목표를 향해 오를 때는 온 힘을 다해 달려가지만 막상 정상에 서면 걸음이 조용해집니다. 더 높이 오르려는 욕망도 중요하지만 그 자리에서 얼마나 오래 머무를 수 있는지도 중요합니다.

꼭대기에 섰을 때는 주변을 둘러보세요. 숨을 고르고 바람을 느끼며 당신이 지나온 길을 돌아보세요. 너무 빠르게 달리려 하지 않아도 괜찮습니다. 당신은 어디를 향해 가고 있나요? 숨이 차다면 잠시 속도를 늦춰도 괜찮습니다.

속도를 늦출 때 비로소 풍경과 공기를 마음에 담을 수 있습니다. 지나온 길과 남은 길이 동시에 눈에 들어오며 자신이 걸어온 시간의 무게를 느낍니다. 그리고 그 깨달음이야말로 다음 비상을 위한 가장 단단한 날개가 됩니다.

당신에게 던지는 질문

당신이 원하는 속도로 살아가기 위해 지금 무엇을 조절해야 할까요?

쇼펜하우어가 건네는 고독의 메모

체험과 통찰

지혜는 체험에서 오지 않는다.
체험을 해석하는 능력에서 온다.

당신에게 전하는 인생

사람은 누구나 무수한 체험을 합니다. 기쁨과 슬픔, 실패와 성공, 사랑과 상실—삶은 언제나 무언가를 겪게 만듭니다. 하지만 모든 체험이 곧 지혜로 이어지는 것은 아닙니다. 경험은 흔하지만, 그로부터 통찰을 끌어올리는 능력은 드뭅니다.

지혜는 단순히 많이 겪는 데서 오는 것이 아니라, 겪은 것을 어떻게 바라보는가에서 비롯됩니다. 같은 일을 겪어도 어떤 이는 분노만 남기고, 어떤 이는 거기서 배움을 얻습니다. 체험은 재료일 뿐이고, 그것을 삶의 구조로 바꾸는 것은 오롯이 해석하는 능력에 달려 있습니다.

해석은 곧 거리를 둔 시선입니다. 감정의 소용돌이에서 한 발 물러나 그것을 바라보는 능력, 의미 없는 고통 속에서도 의미를 길어 올리는 인식의 힘. 이런 해석의 태도가 있어야만 체험은 단순한 상처가 아닌 지혜의 흔적으로 남습니다.

 지혜로운 사람은 삶의 질곡 앞에서조차 묻습니다. "이것은 나에게 무엇을 말하고 있는가?" 바로 그 질문이 체험을 내면화하고, 그것이 다시 타인을 이해하는 다리가 됩니다. 지혜란 결국, 겪음의 깊이가 아니라 해석의 방향성입니다.

당신에게 던지는 질문

 당신은 지금, 삶의 경험을 해석하고 있나요, 그냥 지나치고 있나요?

윤동주가 남긴 별빛의 조각

오늘 하루의 맛

바닷가 사람
물고기 잡아먹고 살고
산골엣 사람
감자 구워 먹고 살고
별나라 사람
무얼 먹고 사나

당신에게 전하는 인생

저마다 다른 것을 먹고 저마다 다른 하루를 살아갑니다. 하지만 결국 우리는 모두 같은 이유로 음식을 먹습니다. 살아가기 위해서, 힘을 내기 위해서 그리고 누군가와 함께 나누기 위해서. 별나라 사람은 무엇을 먹고 살까요? 어쩌면 그들은 꿈을 씹고 별빛을 마시며 살아갈지도 모릅니다.

그렇습니다. 밥만으로 사는 것이 아닙니다. 따뜻한 말 한마디, 사랑하는 사람의 미소, 작은 성취의 기쁨도 우리를 살아가게 하는 양식입니다. 바닷가 사람은 물고기를 잡고 산골 사람은 감자를 캐고 우리는 하루하루 소중한 것을 찾아 나섭니다. 오늘 당신은 무엇을 먹고 무엇으로 마음을 채우셨나요? 당신의 하루는 어떤 맛이었나요? 그리고 내일은 어떤 양식을 준비하고 싶으신가요?

당신에게 던지는 질문

당신이 누군가에게 대접하고 싶은 따뜻한 음식은 무엇인가요?

쇼펜하우어가 건네는 고독의 메모

자유의 환상

인간은 자유롭다고 느끼지만
실은 보이지 않는 의지에 지배당하고 있다.

당신에게 전하는 인생

우리는 선택하고, 결정하며, 행동합니다. 그리고 그 모든 과정을 '자유의지'라 부릅니다. 그러나 그것은 진정한 자유일까요? 우리가 옳다고 믿는 판단, 원한다고 느끼는 욕망, 피하고자 하는 두려움조차—그 기원은 과연 '스스로'일까요?

깊이 들여다보면, 우리의 선택은 언제나 어떤 '원함'에 밀려난 반응입니다. 우리는 무엇을 원하기 때문에 행동하지만, 그 '원함'이 어디서 왔는지를 묻지 않습니다. 그것은 유전일 수도, 환경일 수도, 무의식에 뿌리내린 충동일 수도 있습니다. 그 모든 보이지 않는 힘들이 모여 우리라는 존재를 밀어가고, 우리는 그것을 '자유'라 착각합니다.

의지는 드러나지 않지만 강력합니다. 그것은 목적도 없고,

방향도 없이 그저 살아 있으려는 맹목적인 힘입니다. 이 힘은 우리를 욕망하게 만들고, 경쟁하게 만들며, 멈추지 못하게 만듭니다. 우리가 의식하기 전에 이미 선택은 내려져 있고, 이성은 그 선택을 정당화할 뿐입니다.

진정한 자유란, 이 의지의 실체를 알아차리는 순간에만 살짝 스쳐 갑니다. 내가 무엇에 지배당하고 있는지를 자각하는 순간, 우리는 잠시나마 그 틀에서 벗어날 수 있습니다. 그렇기에 자각은 불편하지만 필수적입니다. 자유란 느끼는 것이 아니라, 분투하는 것입니다.

당신에게 던지는 질문

지금 당신의 선택은 진짜 '당신'의 것인가요?

윤동주가 남긴 별빛의 조각

빈자리를 채우는 눈물

> 흰 봉투에 눈을 한줌 넣고
> 편지를 부칠까요
> 누나 가신 나라엔
> 눈이 아니 온다기에

당신에게 전하는 인생

  존재의 부재, 그런 것입니다. 손에 쥐려 하면 빠져나가고, 부르려 하면 메아리도 돌아오지 않습니다. 그러나 이상합니다. 분명 사라졌는데 더 선명해지는 것은 왜일까요? 부재는 빈자리를 만들지만 그 빈자리는 또 다른 감각으로 채워집니다. 그리움으로, 기억으로, 때로는 고요한 공백으로. 마치 캄캄한 밤일수록 별이 더 또렷하게 빛나는 것처럼.

  그가 없다는 사실이 오히려 그를 더욱 존재하게 합니다. 빈자리가 만들어낸 공백 속에서 우리는 더 깊이 느끼고, 더 온전히 기억합니다. 때로는 침묵 속에서 그의 목소리가, 발걸음이, 숨결이 우리 안에서 되살아납니다. 그래서 부재 속에서도 존재는 사라지지 않고 마음속에서 계속 살아갑니다. 부재는 공허함이 아니라 채움의 시작일지도 모릅니다. 그리움이 가득 찰 때 우리는 부재를 통해 새로운 존재를 만들어냅니다. 그러니 이 편지는 결국 도착할 것입니다. 그가 없는 그곳이 아니라 그가 남긴 흔적으로 가득한 우리 마음속으로.

당신에게 던지는 질문

채울 수 없는 빈자리는 결국 무엇으로 채워진다고 생각하나요?

쇼펜하우어가 건네는 고독의 메모

중심이라는 착각

모든 사람은 자신의 존재를 중심으로 세계를 구성한다.
그러나 세계는 누구에게도 중심이 아니며
이 착각이 곧 고통의 시작이다.

당신에게 전하는 인생

우리는 자신을 기준으로 세상을 바라봅니다. 내가 겪는 기쁨과 고통, 내가 마주한 불공정, 내가 받은 사랑과 상처. 모든 사건은 '나'를 둘러싼 원처럼 인식되고, 그 안에서 의미를 찾으려 합니다. 나를 중심으로 세계가 돌아가야 한다고, 혹은 돌아가고 있다고 믿고 싶습니다.

그러나 세계는 결코 한 사람을 중심에 두지 않습니다. 태양도, 비도, 시간도 누구 하나를 위해 존재하지 않습니다. 세상은 비인격적이고, 우연적이며, 무심하게 흘러갑니다. 그 무심함이 우리의 기대와 충돌할 때, 우리는 고통을 느낍니다. 세상이 '나'를 중심으로 돌아가지 않음을 깨닫는 순간, 고통은 시작됩니다.

이 고통은 배신감처럼 느껴지지만, 실은 자각입니다. 세계는 본래 중심이 없고, 우리는 모두 그 일부일 뿐이라는 인식. 이 인식은 처음엔 낯설고 공허하지만, 그 속엔 새로운 자유가 있습니다. 더 이상 모든 것을 '나'의 관점으로 해석하지 않아도 되기 때문입니다. 자아의 감옥을 벗어난 자리에서, 우리는 더 넓은 시선으로 존재를 이해하게 됩니다.

고통은 중심이라는 착각에서 비롯되지만, 동시에 그 착각을 버릴 수 있는 계기가 됩니다. 중심을 내려놓을 때 비로소 보이는 것—그것이 어쩌면 진짜 세계입니다.

당신에게 던지는 질문

당신은 세상을 '당신 중심'으로 보고 있지 않나요?

윤동주가 남긴 별빛의 조각

지극히 완벽한 하루

붉은 사과 한 개를
아버지 어머니
누나, 나, 넷이서
껍질째로 속까지
다 노나 먹었소

당신에게 전하는 인생

붉은 사과 한 개! 한입씩 베어 물 때마다 각자의 세계가 겹쳐집니다. 아버지는 사과의 단단함을 씹으며 한평생을 떠올렸고, 어머니는 그 붉은빛에서 저녁노을을 보았습니다. 누나는 씨앗을 보며 언젠가 피어날 무언가를 꿈꾸었고, 당신은 사과껍질의 둥근 곡선을 따라 손끝으로 미래를 그려보았습니다. 사과는 단순한 과일이 아니라 시간이고 기억이며 사랑입니다.

혼자였다면 이 사과는 단순한 한 끼로 사라졌겠지만 함께여서 이 순간은 하나의 이야기로 남습니다. 사과 한 개가 네 사람의 마음속에서 네 개의 세계로 번져나갑니다. 소박한 행복이란 바로 이런 게 아닐까요. 함께해서 충만함이 곱셈이 되는 날들.

당신에게 던지는 질문

당신은 오늘 누군가와 당신만의 작은 우주를 나눈 적이 있습니까?

쇼펜하우어가 건네는 고독의 메모

진리가 걷는 길

모든 진리는 세 단계를 거친다.
처음에는 조롱받고
다음에는 격렬히 반대되며
끝내는 자명한 것으로 받아들여진다.

당신에게 전하는 인생

진리는 언제나 환영받지 않습니다. 새로운 진리는 기존의 질서를 흔들기 때문에, 처음 등장할 때 사람들은 그것을 우스꽝스럽게 여기거나 터무니없는 상상이라며 비웃지요. 조롱은 가장 안전한 부정의 방식입니다. 깊이 생각하지 않아도 되고, 받아들이지 않아도 되기 때문입니다.

하지만 시간이 지나 진리가 머물기 시작하면, 비웃음은 반발로 바뀝니다. 인간은 익숙한 틀을 지키기 위해 싸우는 존재이기에, 진리를 적대시하지요. 그것이 위협으로 다가오는 순간, 감정은 이성을 압도하고 저항은 더욱 거세집니다. 이 단계야말로 진리가 실제로 영향을 미치기 시작했다는 증거입니다.

그러나 결국, 그 진리는 조용히 스며들어 우리의 세계관 속에 자리를 잡습니다. 처음엔 받아들이기 힘들었던 그것이, 언젠가 너무나 당연한 상식처럼 여겨집니다. 누군가는 그 진리를 처음 말했던 이의 이름조차 기억하지 못한 채, 그것을 늘 그래왔던 것처럼 말하지요.

이러한 진리의 세 단계는 단순히 진리의 힘만을 보여주는 것이 아닙니다. 그것은 인간의 인식이 얼마나 느리며, 얼마나 많은 방어기제를 작동시키는지를 말해줍니다. 진리는 강렬하지 않습니다. 오히려 조용하고 꾸준합니다. 그리고 반드시 도착합니다.

당신에게 던지는 질문

당신은 지금 어떤 진리를 비웃고 있지는 않나요?

윤동주가 남긴 별빛의 조각

그래도 따듯한 겨울

넣을 것 없어
걱정이던
호주머니는
겨울만 되면
주먹 두 개 갑북갑북

당신에게 전하는 인생

　도시의 한 귀퉁이, 길거리에 쏟아지는 불빛은 화려한데 내 그림자는 바닥에 길게 늘어져 있습니다. 텅 빈 주머니와 초라한 내 모습이 이 도시 한 귀퉁이와 닮아 보입니다. 누구도 눈길 주지 않는 낡은 벽처럼 나도 이 거리에 스며들어 사라질 것만 같습니다. 하지만 문득 깨닫습니다. 주머니 속에서 움켜쥔 이 두 주먹이야말로 내가 가진 가장 단단한 것이라는 사실을. 가진 것은 없지만 꿈을 줄 수 있고 길을 걸어갈 힘을 줄 수 있습니다. 도시의 바람은 차갑지만 그 바람 속에서도 꺼지지 않는 작은 불꽃이 내 안에 남아 있습니다.

당신도 그런 순간이 있었나요? 초라하다고 느꼈지만 결국 다시 일어설 수 있었던 순간이? 그때 당신을 지탱해준 것은 무엇이었나요?

당신에게 던지는 질문

아직도 발견하지 못한 당신 안의 희망은 무엇인가요? 그것을 밖으로 꺼낼 방법은 무엇인가요?

쇼펜하우어가 건네는 고독의 메모

무지의 고백

사람은 누구나 자신의 무지를 부끄러워하지만 그것을 인정하는 데는 더 큰 용기가 필요하다.

당신에게 전하는 인생

무지는 인간의 본질 중 하나입니다. 우리는 알지 못하는 것이 너무 많고, 모르는 것이 드러날까 두려워합니다. 그래서 때로는 아는 척하고, 때로는 회피하며 무지를 감추기 위해 애씁니다. 부끄러움은 이런 자기기만의 한 형태입니다. '모른다'고 말하는 순간, 우리는 자신이 미숙하다고 인정하는 셈이기에, 본능적으로 이를 피하고 싶어집니다.

그러나 진정한 성장은 무지를 깨닫는 데서 시작합니다. 자신이 알지 못함을 인정하는 순간, 그 공간은 새로운 배움과 가능성으로 채워질 수 있지요. 무지를 부끄러워하는 것은 자연스러운 감정이지만, 그것을 인정하지 못하는 것은 자기 성찰과 변화의 문을 닫는 일입니다.

무지를 인정하는 일은 단순히 겸손함이 아닙니다. 그것은 자신의 한계를 직시하는 용기 있는 행동입니다. 그리고 그 용기는 결국 더 깊은 지혜와 깨달음으로 이어집니다. 무지의 고백은 무지 자체보다 훨씬 무거운 짐이지만, 그 무게를 견딜 때 진정한 자유가 찾아옵니다.

당신에게 던지는 질문

당신은 자신의 무지를 솔직히 인정하고 있나요?

윤동주가 남긴 별빛의 조각

급할 것 없는 인생

함께 핀 꽃에 처음 익은 능금은
먼저 떨어졌습니다
길가에 떨어진 붉은 능금은
지나던 손님이 집어갔습니다

당신에게 전하는 인생

도시의 아침은 전쟁터 같습니다. 신호등이 바뀌자마자 사람들이 쏟아져 나가고, 지하철 문이 열리기도 전에 밀려 들어갑니다. 손에는 커피가 들려 있고, 머릿속에는 해야 할 일이 빼곡합니다. 빨리 가야 합니다. 더 앞서야 합니다. 멈추면 뒤처질지도 모른다는 불안감이 온 도시를 휘감습니다.

그때 바람이 불어 나뭇잎 하나가 천천히 땅으로 내려앉습니다. 급할 것도 없다는 듯, 바람에 몸을 맡기고 가볍게 흩날립니다. 노인은 그것을 가만히 바라봅니다. "어차피 도착할 곳이라면 좀 천천히 가도 되지 않을까?" 어쩌면 우리는 너무 앞만 보고 달려가느라 길가의 작은 꽃도, 가볍게 날아가는 새도, 따뜻한 햇살도 놓치고 있는지도 모릅니다.

사람들이 분주히 걷는 사이, 시간은 스스로의 속도로 흐릅니다. 발걸음을 맞추지 않아도 세상은 제자리를 지키고 바람은 기억처럼 흘러갑니다. 급하게 지나가는 하루 속에서 놓치는 것은 단지 풍경만이 아닙니다. 느림 속에서 우리는 자신과 대화하고 마음의 균형을 찾아갑니다. 도착지는 어쩌면 중요하지 않을지도 모릅니다. 중요한 것은 길 위에서 우리가 발견하는 보이지 않던 존재의 무게와 숨결입니다.

당신에게 던지는 질문

당신은 지금 무엇을 위해 그렇게 성급히 달리시나요? 정말로 그래야만 하나요?

쇼펜하우어가 건네는 고독의 메모

이해의 창

사람들은 자신이 이해한 만큼만 세계를 본다.
나머지는 아예 보이지 않는다.

당신에게 전하는 인생

우리는 세상을 온전히 마주한다고 생각하지만, 실은 자신이 가진 이해의 틀을 통해서만 세계를 바라봅니다. 눈에 보이는 것, 귀에 들리는 것, 그리고 마음에 받아들인 것들 모두는 이해의 범위 안에서 선별된 현실의 조각입니다. 그 밖의 것들은 무의식적으로 무시되거나, 아예 존재하지 않는 것처럼 사라지지요.

이 제한된 시선은 삶을 단순화하고, 때로는 안전함을 줍니다. 그러나 동시에 무수한 진실과 가능성을 놓치게 만듭니다. 우리가 '보는' 것과 '실제로 있는 것' 사이에는 커다란 간극이 존재합니다. 이해는 세계를 구성하는 해석자이지만, 동시에 그 세계를 왜곡하는 필터이기도 하지요.

이해의 한계를 인정할 때, 우리는 겸손해질 수 있습니다. 그리고 비로소 자신이 모르는 것들에 마음을 열 수 있지요. '보이지 않는 세계'에 대한 열린 마음이야말로 성장과 변화의 시작입니다. 고정된 시선은 진리를 가리지만, 열린 시선은 진리를 향해 한 걸음 더 나아가게 합니다.

당신에게 던지는 질문

당신은 얼마나 많은 '보이지 않는 것들'을 외면하고 있나요?

윤동주가 남긴 별빛의 조각

사람다움에 대한 물음

> 발걸음을 멈추어
> 살그머니 앳된 손을 잡으며
> '너는 자라 무엇이 되려니?'
> '사람이 되지'

당신에게 전하는 인생

삶의 여정에서 가장 순수한 순간은 아직 길 위에 선 아이의 손을 잡는 때입니다. 그때 아이에게 묻습니다. 아이는 "나는 무엇이 될까?"라는 질문 앞에 서고, 이렇게 대답합니다. "사람이 되지." 단순하지만 가장 깊은 대답입니다.

'사람이 된다'는 것은 단지 직업이나 사회적 지위를 의미하지 않습니다. 그것은 자신의 존재를 온전히 받아들이고, 타인과 공감하며, 스스로의 진실에 충실해지는 과정입니다. 세상의 시선과 기대에 흔들리지 않고, 진정한 자아로 서는 일.

이 물음과 대답은 우리 모두에게 돌아옵니다. 누구나 성장 속에서 스스로에게 묻습니다. "나는 무엇이 되어야 하는가?"

그리고 그 답은 언제나 '사람'이어야 한다는 진리. 그것은 선과 악, 성공과 실패를 넘어선, 존재의 근본을 향한 여정입니다.

  삶의 크고 작은 선택, 넘어짐과 일어섬, 타인과 나누는 작은 온기 모두가 그 과정의 일부입니다. 그 일부를 잊지 않고 살아가는 것, 그것이야말로 가장 깊고 오래 지속되는 성장이 됩니다.

당신에게 던지는 질문

  진정한 사람으로 서기 위해 당신은 지금 어떤 발걸음을 내딛고 있나요?

쇼펜하우어가 건네는 고독의 메모

성찰과 책임

어리석은 자는 삶을 탓하고
지혜로운 자는 자기의 성정을 돌아본다.

당신에게 전하는 인생

삶이 어렵고 고통스러울 때, 가장 쉬운 반응은 외부를 비난하는 것입니다. 환경, 타인, 운명—이 모든 것을 탓하며 자신의 불행을 설명합니다. 그러나 이런 태도는 진정한 문제의 핵심을 피하는 일입니다. 세상은 변화하지 않을 때가 많지만, 우리 내면을 바꿀 수 있는 힘은 언제나 존재합니다.

지혜로운 이는 자신을 들여다봅니다. 왜 나는 이런 상황에서 이렇게 반응하는가? 나의 성정, 습관, 생각과 감정의 패턴은 무엇인가? 자신의 내면을 깊이 탐색할 때, 비로소 문제의 원인을 외부가 아닌 내면에서 발견하고 받아들일 수 있습니다.

자기 성찰은 고통의 근원을 찾아가는 용기 있는 여정입니다. 그리고 그 여정이 있기에 비로소 변화가 시작됩니다. 삶이 주는 시련은 불변할지라도, 그것을 마주하는 나의 태도는 달라질 수 있습니다. 나를 돌아보고 책임질 때, 비로소 삶은 새로운 의미를 갖습니다.

당신에게 던지는 질문

당신은 자신의 성정을 진지하게 돌아보고 있나요?

윤동주가 남긴 별빛의 조각

나를 옭아매는 것들

> 나비가 한 마리 꽃밭에 날아들다
> 그물에 걸리었다
> 거미가 쏜살같이 가더니 끝없는 실을 뽑아
> 나비의 온 몸을 감아버린다

당신에게 전하는 인생

 살다 보면 누구에게나 그런 순간이 찾아옵니다. 발버둥칠수록 더 깊이 엉켜버리는 거미줄 같은 날들. 눈앞이 막혀 있고, 발밑이 꺼지고, 손을 뻗어도 아무것도 잡히지 않는 날들. 철학자 니체는 말했습니다. "당신을 죽이지 못하는 것은 당신을 더욱 강하게 만든다." 그러나 거미줄에 걸린 나비에게 이 말이 위로가 될까요?

 나비는 본능적으로 알 것입니다. 자신이 원래 번데기 속에서 한 번 갇혀본 존재라는 것을. 어둠 속에서 꼼짝없이 웅크리고 있던 그 시간들이 결국 날개를 갖게 해주었음을. 그때도 어쩌면 끝난 줄 알았을 것입니다. 하지만 그것은 끝이 아니라 시작이었습니다.

 그러니 지금 당신을 옭아매는 이 거미줄이, 사실은 또 한 번의 변신을 준비하는 시간임을 잊지 말아야 합니다. 때가 되면 단단히 여물어진 날개로 반드시 실을 끊어낼 것입니다.

당신에게 던지는 질문

당신이 다시 날개를 펼 수 있는 힘은 어디에서 오는 걸까요?

쇼펜하우어가 건네는 고독의 메모

자만의 덫

> 가장 위험한 무지는
> 스스로 많이 안다고 믿는 것이다.

당신에게 전하는 인생

알고 있다는 믿음은 안락한 착각입니다. 지식은 우리를 보호하는 갑옷처럼 느껴지지만, 그 갑옷이 때로는 가장 큰 함정이 되기도 합니다. 자신이 충분히 알고 있다고 확신할 때 우리는 더 이상 배우지 않으려 하고, 의심하지 않으며, 다른 가능성을 닫아버립니다.

이 '자만'은 무지의 가장 깊은 형태입니다. 스스로를 현명하다고 착각하는 순간, 우리는 진실에 눈감고, 오만해지며, 성장의 문을 닫습니다. 진짜 지혜는 자신이 모른다는 사실을 아는 데서 시작하지만, 많이 안다고 믿는 자는 그 문 앞에서 멈춰버립니다.

이 위험한 무지는 사회와 개인 모두를 위협합니다. 확신에

찬 무지는 고집과 편견으로 변하고, 그로 인해 갈등과 오해가 심화됩니다. 진정한 지혜는 끊임없는 질문과 겸손 속에 머뭅니다. 아는 것보다 모르는 것을 두려워하지 않을 때, 우리는 비로소 '안다는 것'의 참된 의미를 이해하게 됩니다.

당신에게 던지는 질문

당신은 얼마나 많이 알고 있다고 스스로를 속이고 있나요?

윤동주가 남긴 별빛의 조각

흠이 있어 반짝이는 돌

내일이나 모레나 그 어느 즐거운 날에
나는 또 한 줄의 참회록을 써야 한다
그때 그 젊은 나이에
왜 그런 부끄러운 고백을 했던가

당신에게 전하는 인생

어제의 당신이 남긴 실수들은 마치 지워지지 않는 잉크 얼룩처럼 남아 있지만, 혹시 그 얼룩이 단순한 오점이 아니라 당신만의 무늬는 아닐까요? 우리는 때때로 후회를 조각하고 반성을 새기며 그 위에 새로운 삶을 덧칠하지만, 결국 지나온 모든 선들이 모여 지금의 당신을 그려냅니다.

흠 없이 살아온 돌은 누구의 손에도 쥐어지지 않습니다. 날이 서고 흠이 많아야 비로소 쓰임을 받습니다. 모자라고 부족한 오늘 하루가 더 사랑스럽고 더 큰 내일을 기약할 수 있습니다. 장 폴 사르트르는 말했습니다. "인간은 스스로를 만들어가는 존재다." 우리는 실수하며 배우고 부끄러워하며 자랍니다.

실수는 단순한 흠이 아니라, 우리가 쌓아 올리는 삶의 질감입니다. 그 위에 덧칠한 시간과 노력은 얼룩조차 아름다운 무늬로 바꿉니다. 부끄러움과 후회조차 우리의 이야기를 풍성하게 만드는 색입니다. 결국 완벽하지 않은 오늘이 있어야, 내일의 당신이 온전하게 서게 됩니다. 흠집과 상처를 두려워하지 마세요. 그것이 바로 인간 됨의 흔적이자 빛입니다.

당신에게 던지는 질문

오늘 당신이 남길 한 줄의 참회는 무엇입니까?

쇼펜하우어가 건네는 고독의 메모

진리와 거짓의 속도

진리는 느리게 다가오지만
거짓은 이미 마음에 자리를 잡는다.

당신에게 전하는 인생

진리는 종종 인내를 요구합니다. 그 본질을 이해하고 마음에 스며들기까지는 긴 시간이 필요하지요. 변화는 점진적이며, 진실을 받아들이는 과정은 불편하고 때로 고통스럽습니다. 그래서 진리는 천천히, 조심스럽게 우리 삶 속에 스며듭니다.

반면 거짓은 빠르고 손쉽게 마음의 빈자리를 차지합니다. 달콤하고 간단하며, 즉각적인 만족을 줍니다. 거짓은 감정을 자극하고 불안을 달래며, 우리에게 편안한 환상을 제공하지요. 그래서 우리는 무의식중에 진실보다 거짓에 먼저 마음을 엽니다.

이 시간성의 차이는 인간의 인식과 행동에 깊은 영향을 끼

칩니다. 거짓은 우리를 속이고 길을 잃게 하지만, 진리는 결국 길을 밝혀주는 등불이 됩니다. 다만 그 등불을 켜기 위해선 서두르지 않고 기다리는 지혜가 필요합니다.

삶의 많은 선택에서 우리는 빠른 위안을 좇지만, 오래가는 평화를 위해서는 느린 진리를 선택해야 합니다. 시간이 흐르고 나서야 알게 되는 그 진리 앞에서, 우리는 더욱 성숙해지고 단단해집니다.

당신에게 던지는 질문

당신은 마음의 문을 빠른 거짓에 먼저 열고 있진 않나요?

윤동주가 남긴 별빛의 조각

나의 거울을 닦는 시간

밤이면 밤마다 나의 거울을
손바닥으로 발바닥으로 닦아보자

당신에게 전하는 인생

밤이면 밤마다 우리는 자신을 돌아봅니다. 그러나 그 '거울'은 때때로 흐릿하고 얼룩져 있어, 진짜 내 모습이 가려집니다. 손바닥과 발바닥으로, 온몸을 다해 닦아내듯, 우리는 자신의 내면에 쌓인 불순물들을 지우려 노력합니다.

삶은 여러 날의 먼지와 오점이 쌓인 거울과 같습니다. 그 거울을 닦지 않으면 왜곡된 모습만을 보게 되고, 스스로를 오해하거나 낯선 사람처럼 느끼기 쉽습니다. 하지만 매일 밤 자신을 점검하고 정화하려는 그 작은 노력들이 쌓일 때, 비로소 우리는 맑고 진실한 자신과 마주할 수 있습니다.

자기 자신을 깊이 이해하고 사랑하는 일은 쉽지 않습니다. 때론 고통스럽고 힘듭니다. 그러나 거울을 닦듯 꾸준히 자신을 보듬고 다독이는 시간이야말로 진정한 성찰의 시작입니다. 그 과정에서 우리는 점차 자신에게 솔직해지고, 진짜 나를 받아들이게 됩니다.

당신에게 던지는 질문

당신은 자신의 거울을 닦을 준비가 되어 있나요?

쇼펜하우어가 건네는 고독의 메모

삶과 사랑의 아이러니

우리는 삶의 본질을 이해하지 못한 채
삶을 사랑한다고 말한다.

당신에게 전하는 인생

삶은 복잡하고 때로는 이해하기 어려운 미스터리입니다. 고통과 기쁨, 불확실성과 희망이 뒤섞인 그 복잡한 흐름 속에서, 우리는 삶을 '사랑한다'고 선언합니다. 그러나 그 사랑은 종종 겉모습에 불과합니다. 삶의 진짜 본질—무상함, 고통, 불확실성—을 깊이 인식하지 못한 채, 우리는 단지 익숙한 것에 안주하며 사랑을 말합니다.

진정한 사랑은 이해에서 비롯됩니다. 어떤 대상이 가진 빛과 그림자 모두를 아우를 때, 그때야 비로소 사랑은 의미를 가집니다. 삶도 마찬가지입니다. 그 본질을 직시하지 않고, 포장된 모습만 사랑하는 것은 어린아이의 사랑과 같습니다. 때로는 고통을 외면하며, 때로는 진실을 부정하면서도 우리는 삶을 사랑한다 말합니다.

    하지만 삶을 깊이 이해하려는 노력은 우리를 더욱 성숙하게 합니다. 그 과정에서 우리는 삶의 불완전함을 받아들이고, 그럼에도 불구하고 사랑할 수 있는 힘을 키우지요. 삶을 사랑하는 것은 결국 그 본질과 마주하는 용기이며, 그 용기 없이는 진정한 사랑은 불가능합니다.

당신에게 던지는 질문

당신은 삶의 본질을 진심으로 이해하며 사랑하고 있나요?

윤동주가 남긴 별빛의 조각

삶과 시의 무게

> 인생은 살기 어렵다는데
> 시가 이렇게 쉽게 씌어지는 것은
> 부끄러운 일이다.

당신에게 전하는 인생

인생은 살기 어렵다고들 말합니다. 고통과 갈등, 선택과 책임이 매 순간 우리를 짓누릅니다. 그 어려움 속에서 살아간다는 것은 결코 쉬운 일이 아니지요. 그런데 이상하게도, 시는 그렇게 무겁고 복잡한 인생을 단순한 언어로, 때로는 쉽게 표현해내곤 합니다.

이것은 어떤 면에서 부끄러운 일일 수 있습니다. 인생의 깊이와 고통을 충분히 담아내지 못하고, 시가 너무 쉽게 만들어지는 듯 느껴질 때, 우리는 문학의 진정성과 진실성을 의심하게 됩니다. 그러나 또 한편으로는, 시가 쉽다는 것은 누구나 삶의 무게를 느끼고, 그것을 공유할 수 있다는 뜻이기도 합니다.

진정한 시란 삶의 복잡한 감정을 압축하여 드러내는 예술입니다. 쉽고 간결하게 쓰인 시 속에 삶의 어려움과 슬픔, 기쁨이 숨 쉬고 있습니다. 그것이 바로 시가 가진 힘입니다. 부끄러움 대신, 시가 우리에게 전하는 위로와 공감에 귀 기울여 봅시다.

당신에게 던지는 질문

당신은 인생의 무게를 시로 표현한다면 어떤 무게를 담고 싶나요?

쇼펜하우어가 건네는 고독의 메모

감정이라는 거울의 왜곡

우리는 자신의 감정을 진실이라 믿으며,
그 감정 속에서 세상을 본다.

당신에게 전하는 인생

사람은 자주 자신의 감정에 속고, 그 감정을 진실이라 착각합니다. 기쁠 때는 세상이 다정해 보이고, 슬플 때는 모든 것이 차갑게 느껴집니다. 같은 사건도, 같은 사람도 감정의 빛에 따라 전혀 다르게 보입니다. 우리는 감정이라는 안경을 벗지 못한 채, 그것을 '현실'이라 부르며 살아갑니다.

감정은 삶의 중요한 일부이지만, 진실은 아닙니다. 감정은 순간의 진동이고, 파동이며, 때로는 자기 보호를 위한 왜곡이기도 합니다. 우리는 누군가를 사랑한다고 믿지만, 그 감정이 외로움에서 비롯된 착각일 수도 있습니다. 분노를 정의라고 착각하고, 두려움을 직관이라 믿는 일도 많습니다. 감정은 진실을 향한 여정에서 가장 강력한 동반자이자, 가장 위험한 유

혹입니다.

성숙이란 감정에 휘둘리지 않고, 감정을 관찰하는 힘을 갖는 것입니다. 감정이 흐를 때, 그것을 느끼되 곧이곧대로 믿지 않는 자세. 그것이야말로 삶의 본질과 가까워지는 길입니다. 사랑이든 증오든, 깊이 있는 이해 없이 느껴지는 감정은 쉽게 바래지고, 쉽게 배신합니다.

감정은 거짓일 수 있습니다. 그러나 그 감정에 속지 않으려는 노력은 진실에 다가가는 첫걸음입니다. 삶은 우리에게 감정을 주지만, 그 감정을 해석할 책임은 우리에게 있습니다.

당신에게 던지는 질문

당신은 지금 느끼는 감정을, 진실이라고 믿고 있나요?

윤동주가 남긴 별빛의 조각

날개 없는 비행의 무게

> 비행기는 새처럼 나래를
> 펄럭거리지 못한다.
> 그리고 늘 소리를 지른다
> 숨이 찬가 봐.

당신에게 전하는 인생

비행기는 새처럼 자연스러운 날갯짓을 하지 못합니다. 그 대신 금속의 몸체를 진동시키며, 거칠고 끊임없이 소리를 내며 공중을 가릅니다. 하늘을 나는 존재임에도 불구하고, 비행기의 비상은 언제나 기계적 강박과 한계 위에서 이루어집니다. 자유로운 몸짓 대신, 강제된 추진력과 불안한 진동이 그 본질입니다. 숨 가쁘게 내지르는 엔진의 울음은 마치 존재의 불안을 대변하는 듯합니다.

이와 같이 인간의 삶도 자연스러운 흐름과는 거리가 멉니다. 본능적이고 자유로운 움직임 대신, 우리는 부단한 의지와 갈등 속에서 나아갑니다. 삶은 무거운 짐을 짊어진 비행기와 같아, 고통과 불안을 품고도 끊임없이 앞으로 나아가야만 합니다. 그러나 그 소음과 떨림이 없으면 비상도 없습니다. 불완전함 속에 깃든 힘이 우리를 높은 곳으로 이끕니다. 삶의 숨 가쁨과 울림을 마주할 때, 우리는 비로소 자유의 의미를 다시 묻습니다.

당신에게 던지는 질문

숨이 찬 이 순간, 당신은 무엇을 위해 그 소리를 견디고 있습니까?

쇼펜하우어가 건네는 고독의 메모

천국과 지옥 사이

세상은 우리가 어떻게 받아들이느냐에 따라
천국이 되기도, 지옥이 되기도 한다.

당신에게 전하는 인생

세상은 고정된 실체가 아닙니다. 그것은 우리가 어떤 마음으로 바라보느냐에 따라 전혀 다른 얼굴을 하지요. 같은 풍경, 같은 사람, 같은 사건도 어떤 이는 그것을 축복이라 여기고, 어떤 이는 저주처럼 느낍니다. 결국 세상은 '있는 그대로의 현실'이 아니라, '우리가 해석한 현실'입니다.

지옥은 바깥이 아니라 내면에서 시작됩니다. 부정과 분노, 두려움과 원망으로 가득 찬 시선은 어떤 평화로운 풍경조차 음울하게 만들 수 있습니다. 반대로 천국은 고요한 수용에서 비롯됩니다. 고통을 있는 그대로 받아들이고, 의미를 스스로 부여할 수 있을 때, 우리는 가장 어두운 날조차 한 줄기 빛으로 기억하게 됩니다.

세상을 바꾸려 하기 전에, 먼저 세상을 보는 나의 렌즈를 돌아보아야 합니다. 끊임없이 비교하고 불평하는 마음은 아무리 많은 것을 가져도 지옥을 만듭니다. 반면, 사소한 것에 감사하고 지금을 받아들이는 태도는 적막한 하루도 찬란하게 만듭니다. 외부의 조건보다 더 중요한 것은 그것을 받아들이는 내 마음입니다.

삶이 견디기 어렵게 느껴질 때, 우리는 묻지 않을 수 없습니다. 지금 내가 보고 있는 이 세상은 정말 그대로의 세상인가, 아니면 나의 해석인가?

당신에게 던지는 질문

오늘은 당신의 시선 속에서 천국인가요, 지옥인가요?

윤동주가 남긴 별빛의 조각

견딤 끝의 피어남

> 봄이 혈관 속에 시내처럼 흘러
> 돌, 돌, 시내 가차운 언덕에
> 개나리, 진달래, 노란 배추꽃
> 삼동을 참아온 나는
> 풀포기처럼 피어난다

당신에게 전하는 인생

 삶은 끝없는 기다림과 견딤의 계절입니다. 삼동을 지나 봄이 온다는 건 단지 따뜻한 햇살의 도래를 뜻하지 않습니다. 그건 혈관 속을 흐르는 숨은 의지이며, 굳게 닫힌 몸속의 문들이 조금씩 열리는 과정입니다. 기다림이 길수록, 피어남은 더 조용하고 더 단단해집니다. 우리는 흔히 삶을 변화로 기대하지만, 진정한 변화는 고요한 인내 속에서 자랍니다. 한겨울을 꿋꿋이 견뎌낸 언덕 아래서 피어나는 꽃들은 단지 봄의 상징이 아니라 삶의 진실을 품은 증인들입니다. 그들은 소리 없이 고통을 통과했고, 그 통과의 흔적을 색과 향기로 남깁니다.

사람도 마찬가지입니다. 쉽게 피어나는 이들은 쉽게 시듭니다. 그러나 내면의 시련을 지나는 자는 비록 늦게 피더라도 뿌리 깊고 향이 오래갑니다. 견딘다는 것은 사라지지 않겠다는 선언이며, 존재하고자 하는 고요한 저항입니다. 봄은 바로 그런 자들을 위해 옵니다.

계절이 변한 것이 아니라, 마침내 내가 피어날 준비가 된 것입니다.

당신에게 던지는 질문

당신은 지금, 어떤 봄을 견디며 피어날 준비를 하고 있습니까?

쇼펜하우어가 건네는 고독의 메모

슬픔의 긴 여운

슬픔은 빠르게 다가오지만
떠나는 데는 시간이 오래 걸린다.

당신에게 전하는 인생

슬픔은 빠르게 다가옵니다. 한순간의 사건, 한마디 말, 또는 기억의 파편이 깊은 상처를 남기고, 그 고통은 갑작스레 우리의 마음을 뒤덮습니다. 그 순간 우리는 마치 시간의 흐름이 멈춘 듯 느끼지만, 슬픔은 이미 우리 안에 깊숙이 자리 잡았습니다.

그러나 슬픔이 떠나는 데는 오랜 시간이 필요합니다. 상처는 겉으로 보이는 것보다 훨씬 깊고 복잡합니다. 그 상처를 치유하려면 수많은 날들과 밤이 지나가야 하며, 때로는 그 길 위에서 자신의 내면과 마주하는 용기가 필요합니다. 슬픔은 그렇게 우리에게 인내와 성찰을 요구합니다.

삶은 슬픔의 무게를 안고도 계속됩니다. 빠르게 다가오는 슬픔 앞에서 우리는 무력해질 수 있지만, 그 슬픔과 함께 살아가는 법을 배울 때 비로소 성장합니다. 슬픔은 우리를 더 깊고 넓은 사람으로 만듭니다.

슬픔을 겪는 모든 이들에게 말하고 싶습니다. 시간이 걸리더라도 그 슬픔이 당신을 정의하지 않도록, 천천히 그러나 꾸준히 걸어가길. 슬픔이 머무는 시간은 길지만, 그 끝에는 반드시 새로운 빛이 기다리고 있습니다.

당신에게 던지는 질문

지금 당신이 안고 있는 슬픔을, 얼마나 오래 품고 있을 준비가 되어 있나요?

윤동주가 남긴 시

별 헤는 밤

계절이 지나가는 하늘에는
가을로 가득 차 있습니다.

나는 아무 걱정도 없이
가을 속의 별들을 다 헤일 듯합니다.

가슴속에 하나둘 새겨지는 별을
이제 다 못 헤는 것은
쉬이 아침이 오는 까닭이요,
내일 밤이 남은 까닭이요,
아직 나의 청춘이 다하지 않은 까닭입니다.

별 하나에 추억과
별 하나에 사랑과
별 하나에 쓸쓸함과

별 하나에 동경과
별 하나에 시와
별 하나에 어머니, 어머니,

어머님, 나는 별 하나에 아름다운 말 한마디씩 불러 봅니다. 소학교 때 책상을 같이 했던 아이들의 이름과, 패, 경, 옥, 이런 이국 소녀들의 이름과, 벌써 아기 어머니 된 계집애들의 이름과, 가난한 이웃 사람들의 이름과, 비둘기, 강아지, 토끼, 노새, 노루, '프랑시스 잠', '라이너 마리아 릴케' 이런 시인의 이름을 불러 봅니다.

이네들은 너무나 멀리 있습니다.
별이 아스라이 멀듯이.

어머님,
그리고 당신은 멀리 북간도에 계십니다.

나는 무엇인지 그리워
이 많은 별빛이 내린 언덕 위에
내 이름자를 써 보고
흙으로 덮어 버리었습니다.

딴은 밤을 새워 우는 벌레는
부끄러운 이름을 슬퍼하는 까닭입니다.

그러나 겨울이 지나고 나의 별에도 봄이 오면
무덤 위에 파란 잔디가 피어나듯이
내 이름자 묻힌 언덕 위에도
자랑처럼 풀이 무성할 거외다.

새로운 길

내를 건너서 숲으로
고개를 넘어서 마을로

어제도 가고 오늘도 갈
나의 길 새로운 길

민들레가 피고 까치가 날고
아가씨가 지나고 바람이 일고

나의 길은 언제나 새로운 길
오늘도…… 내일도……

내를 건너서 숲으로
고개를 넘어서 마을로

십자가

쫓아오던 햇빛인데,
지금 교회당 꼭대기
십자가에 걸리었습니다.

첨탑이 저렇게도 높은데,
어떻게 올라갈 수 있을까요.

종소리도 들려오지 않는데
휘파람이나 불며
서성거리다가,

괴로웠던 사나이,
행복한 예수 그리스도에게
처럼
십자가가 허락된다면

모가지를 드리우고
꽃처럼 피어나는 피를
어두워 가는 하늘 밑에
조용히 흘리겠습니다.

자화상

산모퉁이를 돌아 논가 외딴 우물을 홀로
찾아가선 가만히 들여다봅니다.

우물 속에는 달이 밝고 구름이 흐르고 하늘이
펼치고 파아란 바람이 불고 가을이 있습니다.

그리고 한 사나이가 있습니다.
어쩐지 그 사나이가 미워져 돌아갑니다.

돌아가다 생각하니 그 사나이가 가엾어집니다.
도로 가 들여다보니 사나이는 그대로 있습니다.

다시 그 사나이가 미워져 돌아갑니다.
돌아가다 생각하니 그 사나이가 그리워집니다.

우물 속에는 달이 밝고 구름이 흐르고 하늘이 펼치고 파아란 바람이 불고 가을이 있고 추억처럼 사나이가 있습니다.

바람이 불어

바람이 어디로부터 불어와
어디로 불려 가는 것일까.

바람이 부는데
내 괴로움에는 이유가 없다.

내 괴로움에는 이유가 없을까,

단 한 여자를 사랑한 일도 없다.
시대를 슬퍼한 일도 없다.

바람이 자꾸 부는데
내 발이 반석 위에 섰다.

강물이 자꾸 흐르는데
내 발이 언덕 위에 섰다.

햇비

아씨처럼 나린다
보슬보슬 햇비
맞아 주자 다 같이
옥수숫대처럼 크게
닷 자 엿 자 자라게
해님이 웃는다
나 보고 웃는다.

하늘 다리 놓였다
알롱알롱 무지개
노래하자 즐겁게
동무들아 이리 오나
다 같이 춤을 추자
해님이 웃는다
즐거워 웃는다.

참새

가을 지난 마당은 하이얀 종이
참새들이 글씨를 공부하지요.

째액째액 입으로 받아 읽으며
두 발로는 글씨를 연습하지요.

하루 종일 글씨를 공부하여도
쨕자 한 자밖에는 더 못 쓰는 걸.

또 다른 고향

고향에 돌아온 날 밤에
내 백골이 따라와 한 방에 누웠다.

어둔 방은 우주로 통하고
하늘에선가 소리처럼 바람이 불어온다.

어둠 속에서 곱게 풍화작용하는
백골을 들여다 보며
눈물 짓는 것이 내가 우는 것이냐
백골이 우는 것이냐
아름다운 혼이 우는 것이냐

지조 높은 개는
밤을 새워 어둠을 짖는다.

어둠을 짖는 개는
나를 쫓는 것일 게다.

가자 가자
쫓기우는 사람처럼 가자.
백골 몰래
아름다운 또 다른 고향에 가자.

작가가 남기는 말

우리는 언젠가 깊은 밤, 윤동주의 시를 떠올립니다. 달빛 아래 조용히 '별 하나에 추억과 슬픔과…'를 되뇌던 그 순수한 마음. 그 마음은 말하지 못한 내면의 감정을 대신해 고요한 위로가 되어주었습니다. 또한 우리는 문득, 이성의 한계를 넘어서면서도 두려움보다 호기심을 택했던 쇼펜하우어의 모습을 기억하게 됩니다. 그는 고통스러운 현실 속에서도 진실을 향한 의지를 놓지 않고, 고독과 절망을 껴안으며 철학의 길을 걸었습니다. 그는 무한한 욕망과 의지의 굴레 속에서 삶의 본질을 탐구했고, 그 과정에서 보여준 그의 사유는 우리에게 깊은 성찰과 용기의 씨앗을 심어주었습니다.

윤동주는 침묵으로 위로했고, 쇼펜하우어는 고독과 고통 속에서 진실을 말했습니다. 그들은 서로 다른 언어와 방식으로 우리에게 말을 걸었지만, 우리는 그 속에서 같은 메시지를 읽습니다.

'너는 너여도 괜찮다.'
'변하고 흔들려도 그 안에 네가 있다.'

그들의 문장과 사유는 단순한 글이 아니라 우리 내면의 오래된 방에서 다시 살아나는 조용한 불빛입니다. 삶이 흔들릴 때 그 불빛들은 눈을 감아도 쉽게 꺼지지 않는 희망과 용기의 등불이 되어주었습니다.
우리는 종종 말에 기대어 살아갑니다. 한 줄의 시가 하루를 견디게 하는 힘이 되고, 어려운 질문 하나가 새로운 길을 여는 열쇠가 되기도 합니다. 이 책 속 문장들과 사유들이 당신 곁에 오래 머물러 지치고 흔들릴 때마다 다시금 마음의 길을 찾는 실마리가 되기를 바랍니다. 그리고 언젠가, 이 문장들이 당신의 언어로 다시 태어나 누군가에게 조심스레 건네질 때—그것이야말로 윤동주와 쇼펜하우어가 꿈꾸던 서툴지만 진실한, 말의 온기일 것입니다.
이 여정을 함께 걸어와주셔서 감사합니다. 당신의 삶에 언제나 조용한 빛이 함께하기를 진심으로 바랍니다.

_김이율